学級づくりのための Q-U 入門

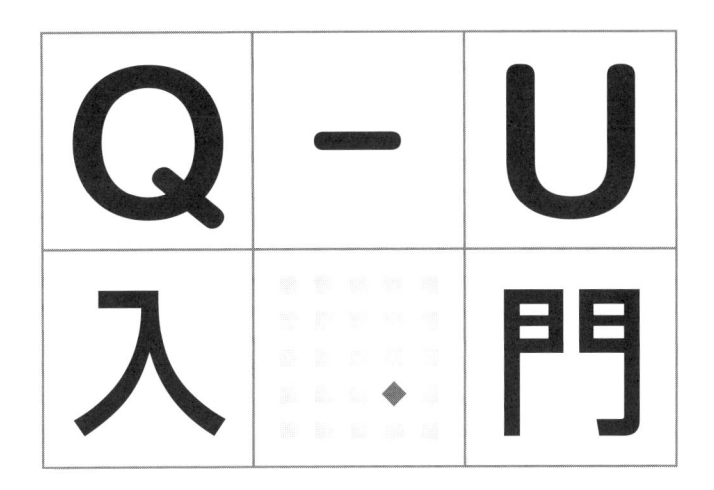

「楽しい学校生活を送るためのアンケート」活用ガイド

河村 茂雄

図書文化

はじめに

　10年前に筆者が開発した「楽しい学校生活を送るためのアンケート（QUESTIONNAIRE－UTILITIES）」は，Q－Uの愛称で呼ばれ，全国の多くの先生方に活用されています。各県の教育センターでも研修会・研究会が開かれ，センター紀要にも数多く取り上げられています。
　そのような機会にQ－Uを知った方々から，「入門編の本を紹介してほしい」という問い合わせを受けることも多いのですが，これほど広まっているのにもかかわらず，ちょうどよい入門編の本はありませんでした。そこで今回，本書を執筆することになったのです。
　はじめに，Q－Uがどのような経緯で開発されたかをお話ししておきたいと思います。
　不登校の問題が深刻化してきた1991年ごろ，現在の文部科学省が「不登校はすべての子どもがなる可能性がある」と指摘し，その予防的な対応が切に求められ始めました。
　不登校になる可能性の高い児童・生徒を早期に発見し，不登校になる前に，教師が先手をうって予防的に対応しようというのです。そのためには，児童・生徒の適応状態を把握することが求められました。
　また，この数年後から，中学校現場では，クラスメートからたび重なるいじめを受けて，生徒が自殺をするという事件が全国で頻発しました。自殺をした中学生の多くは，いじめを受けた記録，そのときの辛さを

綿々とノートにつづっていました。葬儀の後，その事実を学校側はつきつけられたのですが，ほとんどの学校，教師たちはその実態に気づけないでいて，大きな社会問題になりました。

いじめは教師の見えないところで行われているのです。したがって，その問題に教師が気づくためには，従来の観察法，面接法では限界があり，それを補うために調査法の活用が求められるようになりました。

このような社会状況のなかで，現在の文部科学省は，多くの心理・教育の研究機関に不登校予防，いじめ問題の把握につながる心理テストの開発を奨励しました。Q－Uもこういう社会状況のなかで開発された心理テストのひとつです。

最初は，筆者の個人的な研究の一環として，筑波大学教授の田上不二夫先生のご指導を受けて開発し，その成果を一部の研究団体に発表していました。

しかし，それが東京都の学校現場の先生方に口コミで広がり始め，やがて図書文化社の村主典英氏の目に留まり，

・広く多くの先生方が活用できるように

・より精度を高め信頼性のある結果を導き出せるように

と，標準化（10ページ参照）の作業を図書文化社で引き受けてくださり，現在のQ－Uが誕生しました。

このような経緯で開発されたQ－Uですから，もともとは，教職経験の豊富な，教育相談などの研修会に何度も参加されているような先生方に向けたものでした。そういった先生方の実践をさらに向上させるための指針となれば，というものでした。

Q－Uがここまで広まったのも，そのような先生方の口コミによると

ころが大きいのです。そのため，Q－Uを活用するための本も数多く出版されているのですが，ほとんどがQ－Uをすでに知っている先生方を対象とした，応用編ばかりというのが現状でした。

　しかしここ数年，その広がりは急拡大し，Q－Uという言葉を耳にして，自分も取り組んでみたいという先生方からの問い合わせが激増しています。筆者の大学でも，教員採用試験に合格した4年生たちからの要請で，卒業前の2月にQ－Uの実施・活用の仕方の集中研修を，4年前から行っています。この研修は，近隣の現職の先生方にも開放し，一昨年からは時期を12月の日曜日に移して，大学の2，3年生にも開放しました。休日にもかかわらず，毎年100人を超える参加者が集まっています。

　本書は，研修会や問い合わせで受けた，代表的で基本的な質問に答える形で執筆されました。まさに初めてQ－Uに取り組もうとしている先生方，教師をめざしている方々を対象とした入門編です。

　この本をきっかけとしてQ－Uを無理なく取り入れ，先生方の教育実践がより充実することを願っております。

平成18年春

都留文科大学大学院教授

博士（心理学）　河村　茂雄

学級づくりのためのQ-U入門
―「楽しい学校生活を送るためのアンケート」活用ガイド

 3 はじめに

第1章 Q-Uとは

 10 そもそもQ-Uとは何ですか？
 12 なぜこのようなテストが必要なのですか？
 14 Q-Uで何がわかりますか？
 16 具体的にどのような目的で使われていますか？
 18 初めてでもひとりで実施できますか？
 20 結果に，自分の指導力が映し出されるようで怖いのですが？
 22 都市部の学校で使われていることが多いようですが？
 24 学校評価にも活用できますか？
 26 実施にはお金がかかりますか？

第2章 実施にあたって

 30 Q-Uはいつごろ，何回くらい実施すると効果的ですか？
 32 子どもへの説明はどのようにすればいいのですか？
 34 必ず名前を書かせなければいけないのですか？
 36 1人で取り組むことがむずかしい子どもには，どのような配慮をすればいいのでしょうか？
 38 保健室登校，相談室登校の子どもにも実施できますか？
 40 Q-Uをやると学級経営の展開の仕方もわかりますか？

第3章　実施・集計の仕方と結果の見方

44　実施する際の留意点として，どんなことがあげられますか？
48　集計はどのようにするのでしょうか？
54　結果はどのように見たらいいのでしょうか？

第4章　活用の仕方

64　結果はどのように活用すればいいのでしょうか？
70　学校全体でQ-Uをうまく活用するための秘訣はありますか？
74　Q-Uの研修方法にはどんなものがありますか？
76　サポート機関はありますか？

付記　hyper-QUについて

78　hyper-QUとはどのようなものですか？

86　おわりに――Q-Uを通して伝えたいこと
93　Q-Uの学習会 紹介
94　Q-Uのネットワーク 紹介

第1章
Q－Uとは

Q そもそもQ-Uとは何ですか？

A
学校で実施できる，標準化された心理テストのひとつです。小学生から中学生・高校生向けまで4種類があります。

　Q-U（QUESTIONNAIRE-UTILITIES）とは，図書文化社から発行されている『楽しい学校生活を送るためのアンケートQ-U』という心理テストです。

　小学校1～3年用，小学校4～6年用，中学校用，高校用の4種類があり，子どもたちの学級生活での満足感と意欲，学級集団の状態を，質問紙によって測定するものです。

　Q-Uは次の2つの心理テストから構成されています。
「いごこちのよいクラスにするためのアンケート（学級満足度尺度）」
「やる気のあるクラスをつくるためのアンケート（学校生活意欲尺度）」

　この2つの心理テストから，教師は子どもたち一人一人についての理解と対応方法，学級集団の状態と今後の学級経営の方針をつかむことができます。

　例えば，「学級満足度尺度」の結果からは，早急に支援すべき学級内の子どもはだれかということや，学級集団の状態が悪い方向にいっていないかなどを把握することができます。

　その結果に「学校生活意欲尺度」の結果を組み合わせると，友達関係，

学習の問題，学級活動の問題など，学校生活のどの領域に教師が対応するべきかを具体的に絞り込むことができます。

また，Q-Uは標準化された心理テストです。

Q-Uは，発行前に総計3万人の児童・生徒を対象に事前検証を行っており，その結果，日本テストスタンダード委員会の審査基準を満たした，標準化された心理テストとして認定を受けています。

標準化されているとは，心理テストの内容が妥当であり，テストの結果と児童・生徒の実態が一致するという臨床妥当性があり，また実施のたびに結果が大きくぶれない信頼性があることが，事前に検証されているということです。

検査結果を判定する基準が統計的に明らかにされ，信頼性と妥当性が実証されているため，公的な資料としても活用することができます。また，全国平均値がわかりますから，結果をそれと比較して検討することができます。

なぜこのようなテストが必要なのですか？

A

観察や面接など，これまで教師が行ってきた方法だけでは，子どもの心理や行動を理解することがむずかしくなってきたからです。

　最近，子どもたちの心理面，行動面の理解がむずかしくなり，教師が適切な支援をすることが困難になっています。そのため，子どもたちの心理面を質問紙で問い，その結果から子どもたちの心の理解を図ろうという心理テストの活用（調査法）が広がってきました。Q－Uもそのひとつです。

　子どもの内面を理解するのがむずかしくなった理由としては，都市化，高度経済社会化，情報化などの進行にともない，家族のあり方，地域社会の状況が，従来とは大きく変化したことが，まずあげられます。

　このような環境の変化により，子どもたちの心理面が変化し，行動も変化しました。子どもの行動から心理面を解釈する枠組みが，これまでの教師のものでは通用しなくなったのです。

　また，子どもたちの対人関係のとり方も変わりました。人と心理的距離をとったり，内面を表に出さなかったりする子どもが増えました。要するに対人関係が希薄化したのです。教師が言葉がけをしてその子の気持ちを理解しようと努めても，「べつに」と言うだけで，簡単には本音をみせてくれなくなってきたのです。

子どもたちのこのような変化は，学級集団のあり方にも大きな影響を与えます。基本的なルールのもとで，子どもたちの人間関係を伴って形成される集団が，成立しにくくなりました。その結果，学級集団を単位として行われる授業や学級活動もつまずきやすくなり，学習が深まらないどころの話ではなく，一斉指導が成立しないという状態まで呈するようになりました。学級経営や授業においても，従来の方法では目の前の子どもたちに対処しきれなくなったのです。

　これからは，現状の学級集団の状態を適切に把握し，計画的な指導と援助を積極的に行う必要があります。その指針を得るためには，調査法によって学級集団の状態を把握することが不可欠になってきます。

　観察法，面接法，調査法のどれがいいというのではなく，現在の子どもたちの心理面の理解を深め，そのうえで教師が適切な支援をしていくためには，3つの方法を組み合わせて活用することが求められるようになりました。

　心理臨床の世界では従来から調査法が実施されてきましたが，そのような対応が教育現場にも求められるようになったということです。

Q-Uで何がわかりますか?

A

子ども個人と学級集団の情報から,不登校,いじめ,学級崩壊などの問題に対応するデータが得られます。

Q-Uを実施して,基本的にわかるのは次の3つです。

---

1 個人についての情報
　(1) 一人一人の子どもの学級生活の満足感
　(2) 一人一人の子どもの学校生活における意欲

2 学級集団についての情報
　(1) 学級集団としての成熟の状態
　　（子どもたちの満足感の分布状況）
　(2) 学級集団の雰囲気
　　（子どもたちの意欲の分布状況）

3 学級集団における子どもたちの相対的位置
　(1) 学級生活の満足感に関する子どもたちの相対的位置
　(2) 学校生活の意欲に関する子どもたちの相対的位置

以上の情報を解釈していくと，教育実践をするうえで次の情報が得られます。
- 不登校になる可能性の高い子どもはいないか
- いじめ被害を受けている可能性の高い子どもはいないか
- 各領域で意欲が低下している子どもはいないか
- 学級崩壊に至る可能性はないか
- 学級集団の雰囲気はどうか

つまり，現在，学校現場で深刻な問題となっている不登校問題，いじめ問題，学級崩壊の問題に対応するためのデータが得られるのです。

また問題への対応ばかりではなく，Q-Uを実施した結果，ある程度よい状態にいると判断された子どもたちや学級集団に対して，さらによりよい対応をするためにも，そのデータは活用できます。

> 具体的にどのような目的で使われていますか？

A

不登校予防・いじめ問題の発見と予防・学級崩壊の予防・教育実践の効果測定の4つが代表的なものです。

　Q-Uの結果の代表的な活用方法は，次の4つです。

1　不登校の予防として

　不登校の対策を重点的に進めている県や市の教育委員会が，地域の学校を対象に一斉に活用したり，重点的に不登校対策を進めている学校が，積極的に活用したりしています。その取り組みは，県や市の教育委員会が発行する紀要，研究指定校の紀要に幅広く掲載されています。
　活用の方法としては，Q-Uを学年・学期の初めに実施して，不登校になる可能性の高い児童・生徒の早期発見に役立てています。また，1年間の教育活動を通して，その児童・生徒を細やかに支援し，不登校が行動化してしまうのを未然に防ぎ，不登校の児童・生徒の全体数を減少させています。

2　いじめの発見，予防として

　教師の観察では見えないいじめを発見したり，初期の兆候を発見して，いじめの発生・深刻化を予防する目的で活用されています。やり方は不

登校の場合と同様ですが，子どもたちの様子がなにか変だなと教師が感じたときに，随時実施するのも効果があります。

　最近では，生徒指導全体会の資料として，定期的な健康診断のような形で，全校あげて毎年取り組む学校が増えています。

3　学級崩壊の予防として

　学期に1回Q-Uを実施して学級集団の状態を把握し，集団が崩壊の方向に向かっていないか判断するために活用されています。状態に応じ，集団がより仲よくまとまる・成熟する方向に，自分の学級経営を修正していくのです。特別支援教育を進めていくうえでの，学級経営のチェックに使われる例も増えています。

　最近はこの目的でQ-Uを活用している先生方が激増し，校内研修会や自主サークルでの研修会が各地で展開されています。それにともなって，崩壊予防だけではなく，成熟した学級集団を積極的に育成する学級経営の工夫のためにも，Q-Uが活用されています。

4　教育実践の効果測定に

　自分の年間実践や，研究テーマを定めて取り組んだ新たな実践の効果を評価・検討するために使われています。実践前，実践後にQ-Uを実施してその変化をみることで，教育実践の効果測定を行うのです。学力向上，特別支援教育などをテーマとした研究指定校でも，Q-Uが積極的に活用されています。

初めてでもひとりで実施できますか？

A

Q-Uは，実施・集計がしやすく，結果が理解しやすく，多忙な先生方が無理なく活用できるように工夫されています。

現在，Q-Uを使用している学校は，全国の小中学校の1割に迫る勢いです。それらのデータは蓄積され，定期的に信頼性と妥当性の検証が繰り返されています。その過程で，新たな事例が抽出され，その効果的な対応方法が全国で検討されています。

Q-Uがこれほど広まったのは，多忙な先生方が，特別な訓練をすることなしに，日々の実践の中で無理なく活用しやすいように開発されているからだと思います。

ポイントは次の3つです。
① 実施・集計がしやすい。
② 結果の理解がしやすい。
③ 活用しやすい。

1　実施・集計がしやすい

10分から15分の短時間で実施できますから，朝や帰りの会の時間で実施可能です。集計も，1クラス（30人から40人）分が1時間以内でできます。

Q-Uは信頼性・妥当性が高いにもかかわらず，質問項目が厳選されているため，短時間で実施できます。また，質問項目は，児童・生徒が，教師に対して答えやすい内容となっています。

2　結果の理解がしやすい

結果を理解するのに，心理学などの専門的知識を必要としません。また結果が図表化して表されるので，全体のイメージがつかみやすくなっています。

3　活用しやすい

個人と学級の両方についての結果が得られるので，日々の学級経営，児童・生徒への対応，授業の工夫に直接応用することができます。結果を活用するための参考図書が多く出版されており，事例も豊富です。

また教師同士で理解の仕方や考え方のパターンを共有しやすいので，校内研修などでも気軽に活用することができます。教育実践の前後に実施すると，実践の効果を測定することになり，標準化されているので，結果をそのまま紀要などに引用することができます。

つまり，Q-Uは学校現場への即応性と簡便さが特徴といえるでしょう。ですから，初めての先生でも，無理なくひとりで実施することができるのです。Q-Uを活用している先生方の相互サポートのネットワークも，年々増加しています。

> 結果に，自分の指導力が映し出されるようで怖いのですが？

A

Q-Uは健康診断と同じです。深刻な状況になる前に，改善箇所を見つける道具なのです。

　私は，先生方の指導力とは，固定された不動のものではないと思います。教師の指導力は，次の関係式の統合的なレベルで表されるものだと思います。

> 子どもたちの実態，学級集団の状態を把握する力（①）
> ↕　← 状況に応じて指導方法をアレンジする力（③）
> 指導方法のレパートリーの量と各技術の高さ（②）

　教師の指導力（指導力を発揮した成果の高低）とは，単純に②だと思われがちですが，②の力がどんなに高くても，①を的確に行ったうえで，それをアレンジして活用すること（③）ができなければ，その成果はおぼつきません。

　現在，教育現場では多くのベテランの先生方が苦戦しています。その原因は，②が低いからではなくて，①が的確にできないために，③のアレンジがうまくいかないからではないでしょうか。その結果，指導力を発揮することができず，成果が低くなってしまっているのだと思います。

たしかにQ-Uの結果には，①②③が統合された取り組みの成果が反映されます。しかし，学級の状態や子どもたちへの対応をより向上させたいと教師が考えるなら，①②③のそれぞれを分析的に検討し，改善箇所を見つけることが必要です。そのための道具がQ-Uなのです。

　Q-Uには健康診断と同じような面があります。検査をしてこれまで気づかなかった病気が発見されたらショックですが，だからといって，怖いから健康診断を受けないという人は，あまりいないのではないでしょうか。病気が本人に自覚されるようになったときには，かなり深刻な状況になっている場合がほとんどです。
　学級集団の崩壊現象も，そのような病気の進行に似ています。健康診断と同じように，学級の状態をチェックし，問題を早期に発見，早期に対応しようという願いがQ-Uにはあるのです。

Q 都市部の学校で使われていることが多いようですが？

A

不登校や学級崩壊の問題など，都市部のほうがＱ－Ｕを活用する必要に迫られているからです。

　不登校や学級崩壊の問題は，家庭や地域の教育力が低下したといわれる都市部において，相対的に多いことが知られています。
　また，都市部は子どもたちの変化が大きいので，教師の対応の仕方も従来のままでは通用しない面が多く，対応に苦慮する場面が増えています。都市部の先生方は，日々それを実感しているのではないでしょうか。
　さらに，都市部の保護者は教師の教育実践への評価が厳しく，要求レベルが高く，かつ，その批判もストレートな傾向があるようです。
　Ｑ－Ｕは，学校現場ではおもに
　　① 不登校を予防するツールとして
　　② いじめ問題の発見，予防のツールとして
　　③ 学級崩壊の予防として
　　④ 教育実践の効果測定尺度として
活用されていますが，都市部の学校ではその必要度がとても高いといえるでしょう。つまり，先生方は必要に迫られているのです。

　いっぽう全国には，特定の問題から必要に迫られて実施しているので

はない地域，学校，教師たちの自主研究会もたくさんあります。
　このようなケースでは，子どもたちによりよい教育実践を提供したいという内発的な動機からスタートしていることが多く，Q-Uを活用して新たな実践に積極的に取り組んでいます。全国的に注目されることは少ないのですが，とてもすばらしい実践がたくさんあります。私はこれからの教育を考えるうえで，ぜひとも全国の先生方にQ-Uを知ってもらいたいと思っています。

　全国には，ほとんどの学級で「学級生活満足群（55ページ参照）」の子どもたちが70％前後という，すばらしい学校もたくさんあります。そういう学校の先生方は，同僚との関係がよく，自分の学級の状態を開示し合い，率直にアドバイスし合っている場合がほとんどです。つまり，教師同士が磨き合っており，そこではQ-Uが，互いの実践を検討し合うための共通の指標として用いられているのです。

学校評価にも活用できますか？

A

信頼性の高い外部評価として活用できます。

　現在，学校現場では，教育実践への取り組み方や，その評価のあり方に対する改革が，行政主導で進められています。その背景には，学校教育を，子どもの成長を支援するヒューマン・サービスとしてとらえる考え方が，急速に広まってきたことがあります。

　ヒューマン・サービスとは，個人の幸福・自己実現の保護・促進を目的として，人が人に対して行う活動であり，教育，医療，福祉，リハビリテーションなどをさします。この考えに立てば，教師もヒューマン・サービスの従事者であり，「子どもは学校教育というヒューマン・サービスを活用する権利をもっている」「学校は子どもに学校教育というサービスを行うことを，子ども，保護者，および社会と契約している」と考えられます。

　サービスの被提供者である保護者は，教育というヒューマン・サービスが，どのような内容・方法でなされ，それを子どもたちがどう受け止め，成果がどのようにあがっているかを知る権利があります。当然，学校，教師には説明責任があるのです。

このような流れが広がってきた背景には，平成10年の中央教育審議会の答申を受けて，学校評価の導入が進められてきたことがあります。平成15年度には，95％の公立学校が，自己評価も含めて何らかの学校評価を実施しており，そのうち64％が外部評価を取り入れるとともに，約40％の学校では児童・生徒による評価を取り入れています。

　行政が学校に対して，外部評価を取り入れるようにすすめているのは，「手前味噌の自己評価では社会的信頼が得られないから，外部の第三者の評価を取り入れなさい」ということだと思います。さらに，ヒューマン・サービスの考え方から，サービスの受け手である児童・生徒による評価も取り入れることを奨励しているのです。

　Q-Uは児童・生徒の学級・学校生活の満足感，モラール（意欲）を測定する，標準化された心理テストですから，その結果は，信頼性の高い外部評価として活用できます。現に首都圏のいくつかの学校では，Q-Uの結果を基にして学校評価を実施しており，その結果を保護者に伝えています。

　保護者に開示するためだけに，成果の収集と整理をするのは空しいものがあります。Q-Uを活用すれば，実践と評価，そしてその結果の開示が，一連のサイクルとして同時にできるのです。

> 実施にはお金がかかりますか？

A

Q-Uは有料のテストです。著作権料と印刷製本代・販売コスト，それから標準化にかかった費用と維持する費用が含まれているからです。

　児童・生徒用の教材として販売されているドリルや心理テストを学校で使用する場合，どんなものであってもお金がかかります。著作権料と印刷製本代・販売コストがかかっているからです。
　しかし，学校現場では，それらを勝手にコピーしたり増刷したりして活用している例が，しばしば見受けられます。そのような実態を取り締まろうという意識も低いでしょう。
　この現象は，一般社会の常識とはかけ離れたもので，私は残念なことだと思います。そういうことをしていては，学校は社会の意識からどんどん離れてしまい，評価を得ることはむずかしいでしょう。

　また，テストを比べて，同じようなテストでも価格に違いがあるのだな，と思われたことはないでしょうか。ここで指摘しておきたいのは，発行されているテストには，2種類あるということです。①標準化（10ページ参照）されているものと，②標準化されていないものです。学力テストも同様に2種類あります。
　2種類あるテストの共通の目的は，被検査者の福利に貢献するという

ことですが，標準化されたテストは，それに加えて，その結果を社会的に保証するという目的も大きいのです。

　標準化されたテストは，高い信頼性と妥当性が社会的に保障されますが，標準化のための手間と費用が必要となります。また，標準化の作業は，一定期間ごとにやり直さなくてはならず，維持のための費用も必要となります。これらの費用は，とても一研究者がまかなえる金額ではなく，私も図書文化社に依頼したわけです。

　Q－Uを開発した背景には，信頼される結果をきちんと出して，それに基づいたより有効な教育実践をしてほしい，それが社会的にも認められるものであってほしい，という強い願いがあります。先生方は多忙で，教育実践をするだけで手一杯ではないでしょうか。教育実践の結果を，社会的にも認められる形にする作業までは，時間的に考えてとてもむずかしいと思います。そこを補うのが，標準化されたテスト，Q－Uなのです。

　したがって，Q－Uは，よりよい教育実践を志向するとともに，このようなQ－U開発の思いに賛同していただける先生方にのみ，使用・活用していただきたいと思います。

学級を知り、育てるためのアセスメントツール

hyper-QUならQ-Uの診断結果に加え、対人関係力も診断できます

よりよい学校生活と友達づくりのためのアンケート

育てるカウンセリングツールシリーズ

hyper-QU

著者　河村茂雄
対象　小学校1〜3年／小学校4〜6年
　　　中学校／高校

hyper-QUは、**Q-U**の2つの尺度（学級満足度尺度・学校生活意欲尺度）に、ソーシャルスキル尺度を加えた3つの尺度で診断します。

※高校用では、参考資料として悩みに関する質問項目が取り入れられています。

ソーシャルスキル尺度
対人関係（ひとづきあい）を円滑にするための技術（コツ）を測るものです。

ソーシャルスキル尺度を用いて、対人関係力を測ることにより、児童生徒および学級集団の状態を多面的にとらえることができます。

また、**個人票**（教師用／児童生徒用）も打ち出されるので、児童生徒一人ひとりに適切な対応を図ることができます。

Q-Uは不登校やいじめの防止、あたたかな人間関係づくりに役立ちます

楽しい学校生活を送るためのアンケート

育てるカウンセリングツールシリーズ

Q-U

監修　田上不二夫
著者　河村茂雄
対象　小学校1〜3年・4〜6年／中学校／高　校

学級全体と児童生徒個々の状況を的確に把握する2つの診断尺度

「学級満足度尺度」、「学校生活意欲尺度」の2つの診断尺度で構成されています。

- **学級満足度尺度：いごこちのよいクラスにするためのアンケート**
  クラスに居場所があるか（承認得点）、いじめなどの侵害行為を受けていないか（被侵害得点）を知ることができます。

- **学校生活意欲尺度：やる気のあるクラスをつくるためのアンケート**
  児童生徒の学校生活における各分野での意欲を把握することにより、子どもたちのニーズにあった対応を考える資料となります。学級、学年、全国の平均得点も打ち出されますので、今後の学級経営に役立ちます。

資料のご請求は **図書文化社 営業部** へ　　　TEL.03-3943-2511　　FAX.03-3943-2519

第 2 章
実施にあたって

Q－Uはいつごろ，何回くらい実施すると効果的ですか？

A

実施の時期や回数は，活用の目的によって変わってきますが，複数回実施して結果を比較する方法が基本です。

　Q－Uを実施する時期や実施回数は，活用の目的によって異なります。ただ，どのような場合も子どもの実態・学級集団の状態の把握 → 実践・対応 → 実践・対応の評価・検討，という流れが基本的なパターンになります。したがって，複数回実施するのが基本です。

　やりっぱなしで実践に活用しなかったり，実践した内容を検討しないのはあまりにも残念です。

　次に，おもな目的ごとに，いつごろ実施するのがいちばんいいかを説明しましょう。

1　不登校の予防や学級経営の大きな指針を得たい

　学年当初の5月の中旬から6月の上旬までに実施するのがいいでしょう。この時期になると，学級編成替えをした学級でも，子どもたちの人間関係や学級のなかでの位置づけが，ほぼ固まってくるからです。この段階でQ－Uを実施することで，子どもたちの様子や学級集団の状態を把握し，今後の大きな対応方針を掴むことができます。

そして，学年末の2月末にもう1回実施して，今年度の教育実践の自己評価をしたいものです。余裕があれば，2学期の9月末から10月ごろにも1回実施すると，よりていねいな教育実践ができると思います。

2　学級内に何らかの問題，変調を感じたとき

　一般的ないじめ問題の予防をしたい場合には，1と同様でいいと思います。しかし，いじめがあるという確証はないのだけれど，なにか気になるという状態のとき，学級集団が荒れてきたような気がするとき，学級のなかで子ども同士のトラブルがあり，その後なにか学級全体がぎこちない，などの場合には，随時実施することも可能です。

　こういう問題は早期対応が重要ですが，教師は確信がないとなかなか早期に対応できず，結局悪化させてしまうケースが圧倒的に多いのです。教師の観察で察知したシグナルをQ-Uで確認して，具体的な対応へと展開していくのです。

3　新しい実践に取り組み，その実践の評価をしたい

　少人数指導に取り組んだ，エンカウンターを取り入れた学級活動を始めたなど，新たな実践をする場合には，取り組む前と，ひととおり実践が終わった段階で，Q-Uを実施します。実践前後の差を検討することで，新たな取り組みの成果を検証することができます。教育実践研究も，実証性が求められています。

> 子どもへの説明はどのようにすればいいのですか？

A

実施の目的とやり方をしっかり説明し，実施後は結果に基づいて個別のフォローをします。

　自分の学級経営を定期的にチェックしてより向上させたい，子どもたちの心理状態を適切に掴んで学級集団の荒れを改善したい……。このような思いで教師がＱ－Ｕを実施しようと考えても，いざ子どもたちに説明しようと思うと，何と言っていいか迷うことがあるかもしれません。
　押さえるべき３つのポイントを次にあげます。44ページも参考にしてください。

1　実施する目的をしっかり説明する

　一人一人を大事にしたいから，いじめのないクラスを作りたいから，もっと仲のよい学級集団にしたいから，という教師の願いを率直に説明することが大事です。そのための参考資料になるのがＱ－Ｕの結果なのだ，ということをあわせて説明します。そして，グループづくり，席替え，授業や学級活動の進め方の工夫などに資料を生かしていくつもりであると，活用の仕方もしっかり伝えます。
　個人の成績や評価に用いたりすることは決してないし，本音で書いても書いた個人にマイナスの影響はないことも必ず言明します。

2　やり方をしっかり説明する

　実施する目的がある程度理解できても，やり方がわからないと不安になることがあります。Q－Uのやり方はとても簡単ですが，実施前に具体的に説明します。4つ，5つの数字のなかから，いまの自分の気持ちにいちばん近いものを選ぶこと，いろいろ考えて迷ったときは最初に思ったものを書くことなどを補足して説明すると効果的です。

3　個別のフォローをする

　実施後は，早急に集計して（1時間以内にできます），結果に基づいて個別に対応することが大事です。場面をとらえてさりげなく言葉がけをしたり，とくに気になる子どもとは個別に面接するなどの対応をとります。教師がすぐに対応してくれると，子どもたちは安心するものです。とくに，中学生，高校生は，自分からは言えないことをQ－Uを通して訴えてくることが多いので，この対応は不可欠です。

　最後に，他の心理テストと同様，実施する直前にトラブルがあったりして，急激な感情の変化が現在進行形で起こっているときは，実施時期として適当ではありません。実施に対して抵抗感が起きやすく，回答がトラブルそのものに強い影響を受けてしまうからです。少し落ち着いてから実施するのがいいでしょう。

必ず名前を書かせなければいけないのですか？

A

状況によっては，性別だけを記入してもらい，「名前を書くと本音が書けない人は，書かなくていいよ」と教示して実施します。

　すでに学級が荒れている場合や，学級内で小グループが乱立して対立しているとき，また隠れたボスがいて，その子どもの目が怖くて本音が出せない状況のときなどは，子ども同士が疑心暗鬼になっていることがよくあります。

　こういうときは，子どもたちは裏面交流（表面に出している態度や行動と自分の本音が異なっている）しがちなので，観察だけで教師が子どもたちの心理面を把握することは，ほとんどできなくなります。また，子どもたちが担任教師に強い不信感をもっている場合も，残念ながら同様です。

　この状況に，手をこまねいて何もしなかったり，教師の思いだけで対応を続けると，溝や荒れがさらに大きくなり，厳しい状況に陥る可能性が高くなります。そういうときこそ，教師は子どもたちの内面，心理状態を把握したいわけですが，たやすいことではありません。そこで，Q－Uの実施となるわけです。

　こういう状況でQ－Uを実施する場合，名前を書くことを強制すると，本音で回答しない場合があります。そこで，子どもたち個人の実態把握

は犠牲にしても，学級の本音の心理状態の把握を優先させて，無記名でQ−Uを実施するといいでしょう。

具体的には，性別だけを記入してもらい，「名前を書くと本音が書けないと思う人は，名前は書かなくていいよ」と教示して実施します。学級内で緊急に支援する必要のある子どもの有無をまず確認し，学級集団の状態を押さえ，学級経営方針を掴むことを優先させるわけです。その後，結果に基づいて具体的な対応を検討するのです。

緊急に支援する必要のある子どもがいた場合，全員の個別面接などを実施してその子どもを把握し，具体的な支援につなげていくことが求められます。Q−Uの結果からある程度どの子どもかの予測がつきますが，時間の長短はあっても，必ず全員と面接するのがいいでしょう。

こういう対応は，Q−U実施の目的にも合致します。少なくとも，学級をもっとよくしようと努力している教師の姿勢が，子どもたちに伝わっていくのです。

学級集団の状態による対応策のヒントについては，本がたくさん出ていますから（64〜67ページを参照してください），それを参考に，より効果的な対応を精選して取り組むことが必要です。あせって何でもかんでもやってみるという対応は，労力の割にマイナスの結果に至ることが多いので，気をつけたいものです。

> 1人で取り組むことがむずかしい子どもには，どのような配慮をすればいいのでしょうか？

A

無理をさせないように，教師が補助します。

　Q-Uの質問項目はとてもシンプルで，平易な文や言葉で構成されているため，小学校1～3年用，小学校4～6年用，中学校用，高校用と，該当する学年の子どもたちが十分に取り組めるように作成されています（無理なく取り組めることも検証されています）。

　しかし，特別な配慮を必要とする子どもなど，通常学級においても，1人で取り組むことがむずかしい子どもは皆無ではありません。

　Q-Uを実施する目的は，あくまでも子どもの心理面を教師が把握することです。したがって，すべての子どもたちに同じように実施しなくてはならない，ということはないのです。1人で取り組むことがむずかしい子どもには，無理がないように，教師が補助をするとよいでしょう。

　具体的には，一斉の実施時には，全部書き終えなくても，いったん回収します（このことは事前に，個別に説明しておきます）。その後に，個別で教師が質問文を一つ一つ説明してあげて，それに対して口答してもらい，それを教師が記入するという形が一般的です。

　そこまでのサポートを必要としない子どもには，教師がさりげなく席のそばについて，質問項目の言葉，漢字の読みや意味をそのつど説明し

て，回答させていくのがよいでしょう。

　どちらのサポートも，子どもがそのことで強い劣等感をもたないように配慮することが肝要です。

　1人で取り組むことがむずかしい子どもこそ，教師はその心理面を適切に把握し，細やかな支援をしてあげたいものです。その手段として，Q-Uを無理なく活用できればすばらしいと思います。

> 保健室登校，相談室登校の子どもにも実施できますか？

A

もちろん実施できます。相談室担当の教師や保健の先生が，担任教師の役割を代行します。

　学級を離れ，校内の相談室や保健室に登校している子どもがいます。そういう子どもたちにも，もちろんQ-Uは実施できます。相談室担当の教師や保健の先生が，担任教師の役割を代行して，その教室で個別に実施すればよいのです。

　回答は原籍学級を想定させて取り組ませます。くれぐれも，Q-Uを実施する教師と担任教師との間に，良好な人間関係が形成されていることが前提です。また，実施することで学級での嫌なことが思い出され，情緒面で混乱をきたすような状況のときには実施しないほうがよいでしょう。ただ，子どもがその教室（相談室や保健室）で落ち着いていられる状態になってきたときにQ-Uを実施したら，次の展開を子どもと一緒に考えるきっかけになった，という報告も数多くあります。

　次に，学校を離れ，地域の相談教室や適応指導教室に通っている子どもにはどうでしょうか。そういう子どもたちにも，もちろんQ-Uは実施できます。

　活用例としては，まず，相談教室や適応指導教室での集団生活につい

て，心理面を把握する目的で実施される場合があります。相談教室や適応指導教室にも適応できない子どもたちがいるからです。活用方法は通常学級の要領と変わりません。

さらに，保健室登校の場合と同様に原籍学級を想定させて取り組ませることもあります。相談教室や適応指導教室で情緒面が安定し，原籍学級に復帰を考え始めた時期に実施される場合です。子どもの心理状態が落ち着けば，原籍学級に対して，より肯定的にとらえるようになってきます。Q-Uの結果は，復帰の時期を考える目安になります。

また，原籍学級の状態をQ-Uで把握し，復帰の際のストレスを軽減する目的で実施される場合があります。

ある適応指導教室では，子どもの情緒面が十分に安定し，本人も通常学級での生活を望み始めたとき，原籍学級ではない近隣の学校に転入させる判断をして，良好な結果を得ました。

適応指導教室の先生は，Q-Uを実施している原籍学級の担任から，学級集団の状態が荒れ気味であるとの報告を受けていたため，そのまま子どもを復帰させるにはストレスが高いと考えました。そこで，Q-Uを実施している近隣の学校から，学級集団の状態が親和的にまとまっているところを探して，そこに転入させたのです。

このやり方は，アメリカでは一般的に活用されている方法ですが，それを思いついたその先生はすばらしいと思います。

> Q−Uをやると学級経営の展開の仕方もわかりますか？

A

Q−Uを実施することで正確な実態把握ができるので，今後の学級経営をどうシフトすればよいかは，おのずから見えてきます。

20ページでもすでに述べましたが，教師の指導力とは，次の関係式の統合的なレベルで表されるものです。

> 子どもたちの実態，学級集団の状態を把握する力（①）
> ↕　←　状況に応じて指導方法をアレンジする力（③）
> 指導方法のレパートリーの量と各技術の高さ（②）

　Q−Uを実施すると，子どもたちの実態や学級集団の状態がわかります。そして，Q−Uに関連する出版物（64〜67ページ参照）をひも解けば，Q−Uでわかった自分の学級の実態に合った対応の指針と，アレンジの方向が示唆されます。基本的な指導技術をもっている教師ならば，今後の学級経営の展開の仕方は，おのずから見えてきます。

　しかし，Q−Uからそれを読み取ることがむずかしい場合があります。次の2つの場合です。

第 2 章　実施にあたって

1　②に関する基本的な力量が乏しい場合

　教職経験の少ない先生や若い先生などで，基本的な指導方法のレパートリーや各技術をこれから蓄積していこうという場合です。恥ずかしいことはありません。まずサポートしてくれる先輩教師に率直に相談して，いま必要とされている②の部分から身につけていけばよいのです。
　また，ベテランの先生が，従来の自分のやり方にとらわれてしまい，最近の子どもたちに応じた指導の仕方に切りかえられない場合があります。頭ではわかっていても，うまく対応できないのです。これは深刻な問題だと思います。ちょうどいい時期だと考えて，最近の子どもの心理と対応のあり方について，まとまった研修をベテラン教師仲間とじっくり受けることをお勧めします。サポートしてくれる人や機関は後のページで紹介します。

2　Q－Uの結果にショックを受けてしまい，冷静に判断できなくなっている場合

　20ページでも述べましたが，Q－Uは健康診断と同じような面があります。うすうすわかっていても，あらためて数値として結果を突きつけられることは，だれでもかなりショックだと思います。
　そのショックを乗り越えないと，今後の実践に前向きに取り組めません。気心の知れた同僚や相談できる相手に話して，心理的サポートをもらうことをお勧めします。今後の対応については，気持ちの整理がついてからだと思います。

第3章
実施・集計の仕方と結果の見方

> 実施する際の留意点として,どんなことがあげられますか?

A

子どもに目的とやり方を明確に説明し,ふさわしい時期に,短時間で実施・回収します。

　Q-Uを実施する場合は,実施の目的を明確にして,それにふさわしい時期,子どもたちの状態が安定しているときに,教師の適切な教示のもと,実施・回収を短時間で行うことがポイントです。

　具体的には以下のとおりです。

1　実施に必要な時間を確保する

　Q-Uは15分程度で実施できます。朝や帰りの会,ショートホームルーム,ロングホームルームの時間の一部で実施できますが,短時間ですませるためには,教師が事前に実施の仕方を確認し,教示の仕方,実施の流れを押さえておくことも大事です。準備も20分程度で終わりますので,必ず行ってください。

2　実施目的を教示する

　Q-Uを実施する目的とやり方を,具体的に,明確に説明します。次の5点を押さえることがポイントです。項目の下に,言い方の例を示します。

(1) 何をするのか

「みんなの現在の学級生活への思いを調査するために,簡単なアンケートを実施します」

(2) 何のためにするのか

「みんなの現在の学級生活への思いを,先生が理解することによって,学級活動や授業に,みんなが楽しく充実して取り組めるように,工夫するための資料にしたいと思います」

「仲のよい,いじめのない楽しい学級になることを先生は願っています。そのために,みんなの本音の思いを広く知りたいのです」

(3) どんなふうにするのか

「質問項目が20～30項目(小・中・高校生用によって異なる)あります。右側にはそれに対する答えが4つ(中学・高校用は5つ)並んでいます。いちばん近いものの数字を1つ選んで,丸をつけてください」

「いま思っている気持ちを素直に出して,丸をつけてください」

「後半には,願い事コーナーや,自分の心を確認するようなコーナーがあります(小学校1～3年用にはなし)。楽な気持ちで素直に書き込んでください」

(4) どのようなルールがあるのか

「友達と相談せず,1人で考えて答えてください」

「早く終わった人は,後半のコーナー(小学校1～3年用にはなし)

を少し詳しく書き足していてください」

(5) どのようなことが起こるのか
　「集計されたみんなの結果から，先生はグループ活動のメンバー，席順，授業の進め方や学級活動の取り組み方について，より適切な方法を考えて取り組んでいきたいと思います」
　「これをきっかけに，学級生活のことについて先生に話したいことがある人は，気軽に声をかけてください。時間をとりますよ」

　以上のことを，参加する子どもたちに合わせて，わかりやすく説明します。必要ならば事前に図や紙板書などを用意して，それを示しながら説明するのもいいでしょう。授業の説明と同様です。
　また，次のような説明も同時にしておくといいでしょう。
　「実施中にわからないことがあったら，静かに手をあげてください。先生がすぐに説明しにいきます」

3　実施の流れと回収

　適切な教示をしたら，
　　・早く終わった場合，その後何をするのかの指示
　　・提出する方法の指示
をしてから，速やかにＱ－Ｕの質問紙を配り，全員にいきわたったら，合図をして取り組ませます。
　実施中は机間指導はしないで，教壇の前で全体を穏やかに見守ります。手をあげての質問があったり，困ったような様子を示す子どもがいた場

合には，静かにその子どもの側に寄って対応します。

　回収は最初の指示どおりに提出させます。回収袋にできた順に入れさせる，全員が終わるのを確認して出席簿順に提出させるなどの方法がありますが，なるべくなら回収袋に提出させるほうが，子どもたちにとっては抵抗が少なくてよいでしょう。

　また，心理テストを実施するからといって，教師がむやみに緊張しないように，いつもと同じような態度で接するとよいでしょう。

> 集計はどのようにするのでしょうか？

A

アンケートの項目ごと，領域ごとに，子どもたちのマークした数字を単純に加算するだけです。

　Ｑ－Ｕは２つのアンケートで構成されています。

　１つは，「いごこちのよいクラスにするためのアンケート（学級満足度尺度）」，もう１つは，「やる気のあるクラスをつくるためのアンケート（学校生活意欲尺度）」です。

　子どもたち全員にＱ－Ｕを実施して回収したら，それぞれのアンケートの項目ごと，あるいは領域ごとに，子どもたちのマークした数字を加算し，それぞれのテストの結果を集計用紙に書き込みます。

1　「いごこちのよいクラスにするためのアンケート」学級満足度尺度の集計

▶▶ 見本が50〜51ページにありますので参照してください。

(1) 一人一人の子どもについて，各項目の得点を集計表（Ａ－１）に転記し，前半の項目の合計得点（承認得点）と後半の項目の合計得点（被侵害得点）を計算します。これを全員について行います。

　あとから，学級の子どもたち一人一人が，どういった内容で落ち込んでいるのかを見ることができますから，必ず転記します。

(2) 前半の合計得点（承認得点）と後半の合計得点（被侵害得点）から，一人一人の子どもを，グラフ（A－2）の座標上にプロットします。承認得点をY軸上に，被侵害得点をX軸上にとり，2つの得点が交差するポイントに，その子どもの番号（名前）を表記します。

2 「やる気のあるクラスをつくるためのアンケート」学校生活意欲尺度の集計

▶▶ 見本が52～53ページにありますので参照してください。

(1) 一人一人の子どもについて，3つの各領域ごと（友達関係，学習意欲，学級の雰囲気）に得点を合計し，集計表（B－1）に記入します（中学・高校用では5領域となります）。

> ここまで（1－(1)・(2)，2－(1)）の集計にかかる時間は，1学級分で約40分です。これ以降の集計は応用的に活用できます。時間がなければ省略しても結構です。

(2) 一人一人の子どもについて，各領域の得点を学校生活意欲プロフィール（B－2）に図示します。

(3) 各領域得点ごとの学級平均値を算出し，学級平均のプロフィール（B－3）に図示します。

(4) 子どもたち一人一人の各領域得点を合計して，学校生活意欲総合点を導きます。その得点をもとに，学校生活意欲総合点の分布表（B－4）の見合った場所に子どもの名前を書き込んでいきます。

　余裕があれば，この作業を総合点だけでなく各領域ごとにも作成できると，授業展開の工夫，グループ作り，学級活動の役割分担（リーダーの選出）などの教育実践に，広く活用できます。

いごこちのよいクラスにするためのアンケート

数字にはこういう意味があります。　4……よくある，とてもそう思う，たくさんいる
　　　　　　　　　　　　　　　　　3……少しある，少しそう思う，少しいる
　　　　　　　　　　　　　　　　　2……あまりない，あまりそう思わない，あまりいない
　　　　　　　　　　　　　　　　　1……まったくない，まったく思わない，まったくいない

数字を○でかこんでください。

1　あなたは運動や勉強，係活動や委員会活動，しゅみなどでクラスの人からみとめられる（すごいなと思われる）ことがありますか。　　4　③　2　1

2　あなたが失敗したときに，クラスの人がはげましてくれることがありますか。　　4　3　②　1

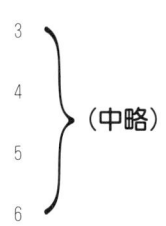

3
4
5　　（中略）
6

7　あなたはクラスの人にいやなことを言われたり，からかわれたりして，つらい思いをすることがありますか。　　4　3　②　1

8　あなたはクラスの人にぼう力をふるわれるなどして，つらい思いをすることがありますか。　　4　3　2　①

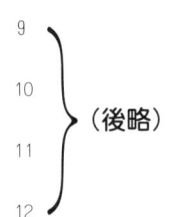

9
10
11　　（後略）
12

第3章 実施・集計の仕方と結果の見方

いごこちのよいクラスにするためのアンケート 集計表

A-1

No.	1	2	3	4	5	6	1～6計(承認得点)	7	8	9	10	11	12	7～12計(被侵害得点)	カテゴリー	備考
1	3	2	2	3	2	2	14	2	1	1	2	1	2	10	非承認群	
2																
3																
4																
5																
6																
7																

A-2

承認得点▼

侵害行為認知群　　　学校生活満足群

◀ 被侵害得点

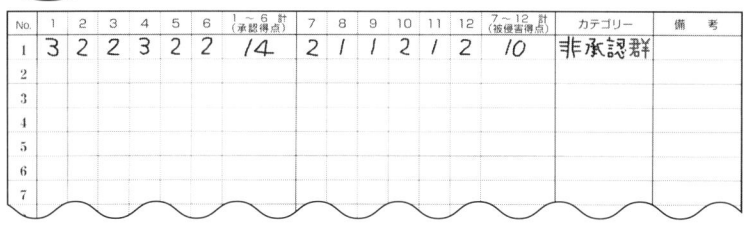

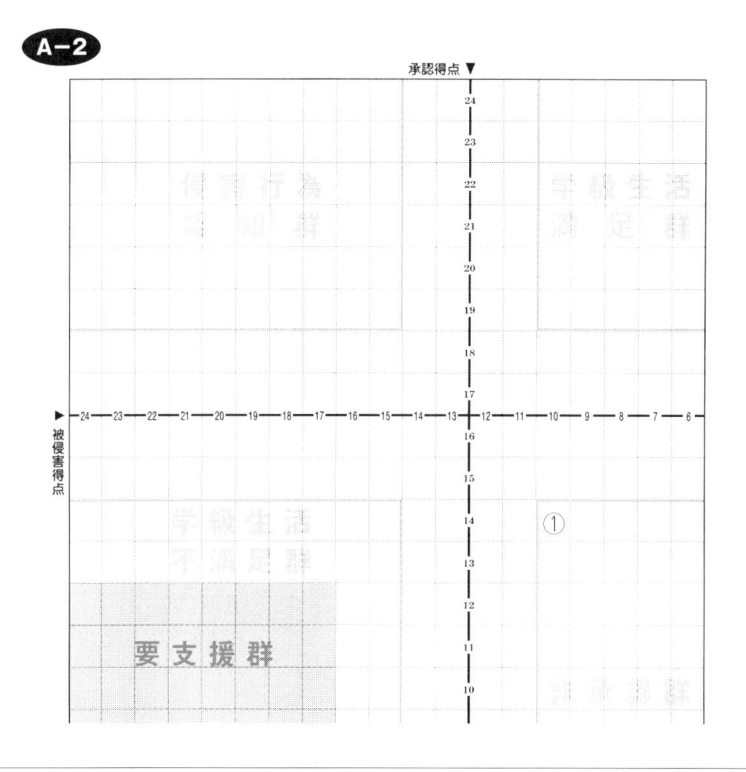

学校生活不満足群

要支援群

①

※見本は小学校4～6年生用。

やる気のあるクラスをつくるためのアンケート

数字にはこういう意味があります。　4……とてもそう思う
　　　　　　　　　　　　　　　　3……少しそう思う
　　　　　　　　　　　　　　　　2……あまりそう思わない
　　　　　　　　　　　　　　　　1……まったく思わない

数字を○でかこんでください。

1　あなたのクラスの人たちは，あなたに声をかけてくれたり，親切にしてくれたりしますか。　　　4　③　2　1

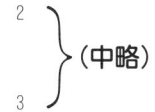

2
3　｝（中略）

4　学校で勉強していて，できなかったことができるようになると，うれしいと思いますか。　　　4　3　②　1

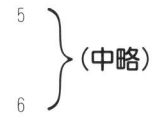

5
6　｝（中略）

7　あなたのクラスは，明るく楽しい感じがしますか。　　　4　3　②　1

8
9　｝（後略）

52

第3章 実施・集計の仕方と結果の見方

やる気のあるクラスをつくるためのアンケート 集計表

B-1

No.	名　前	1〜3計 友達関係	4〜6計 学習意欲	7〜9計 学級の雰囲気	全体の合計 学校生活意欲	備　考
1	たろう	8	6	7	21	
2	はなこ					
3						

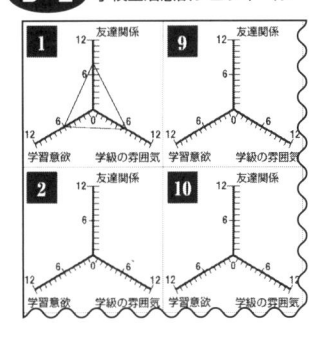

B-2 学校生活意欲プロフィール

B-4 学校生活意欲総合点の分布

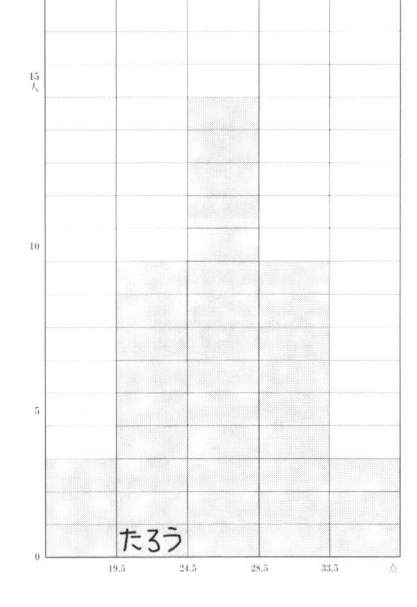

B-3 学校生活意欲プロフィール（学級平均）

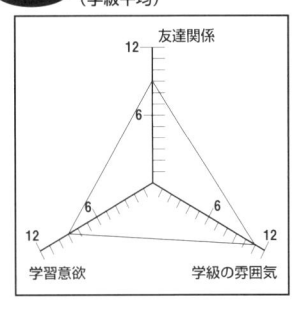

※見本は小学校4〜6年生用。中学用・高校用はプロフィールが5領域となる。

結果はどのように見たらいいのでしょうか？

A

学級満足度尺度と学校生活意欲尺度の結果から，①一人一人の子ども，②学級集団，③個人と学級集団の関係について見ていきます。

学級の子どもたちのQ-Uの結果を集計することで，次のことがわかります。

1　一人一人の子どもについて

（1）学級生活の満足度
　　　（「いごこちのよいクラスにするためのアンケート」50～51ページ参照）

　前半の項目の合計得点である「承認得点」は，子どもたちの存在や行動が，級友や教師から承認されているか否かを示し，後半の項目の合計得点である「被侵害得点」は，不適応感やいじめ・冷やかしなどを受けているかどうかを表します。

　この2つの得点から，右の表の4つの群のどこに分類されるかによって，子どもたちの特徴がわかります。

　なお，右の座標で2つの軸が直交しているポイントは，全国平均値です。

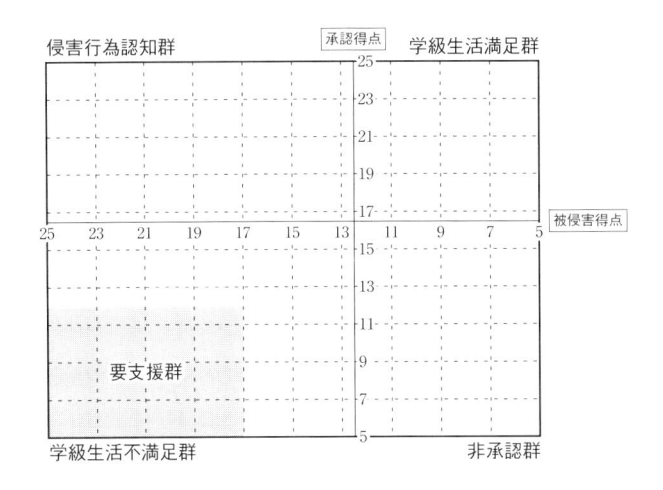

第3章　実施・集計の仕方と結果の見方

```
        侵害行為認知群        承認得点   学級生活満足群
                              25
                              23
                              21
                              19
                              17                    被侵害得点
   25  23  21  19  17  15  13  11  9  7  5
                              15
                              13
                              11
                  要支援群      9
                              7
                              5
        学級生活不満足群              非承認群
```

① 学級生活満足群にプロットされた子
　　→→「承認得点」が高く，かつ「被侵害得点」は低い

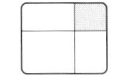

　不適応感やトラブルが少なく，学級生活・活動に満足し，意欲的に取り組めている子どもたちです。学級全体に対して指示をすれば，自ら1人で行動できる子どもたちです。

② 非承認群にプロットされた子
　　→→「承認得点」が低く，かつ「被侵害得点」も低い

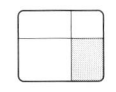

　不適応感やいじめ被害を受けている可能性は低いのですが，学級内で認められることが少なく，自主的に活動することが少ない，意欲の低い子どもたちです。学級全体に対して指示を出したあとで，教師が机間指導をしながら，さりげなく個別対応する必要があります。一斉指導の中で，学習や活動に取り組む意欲の喚起を中心とした，個別配慮が必要な子どもたちです。

③ 侵害行為認知群にプロットされた子
　　→→「承認得点」が高く，かつ「被侵害得点」も高い

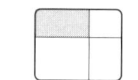

　自主的に活動していますが自己中心的な面があり，他の子どもたちとトラブルを起こしている可能性の高い子どもたちです。被害者意識の強い子どもたちも含まれます。この群も，一斉指導の中で，子ども同士の対人関係の調整を中心とした個別配慮が必要な子どもたちです。

④ 学級生活不満足群にプロットされた子
　　→→「承認得点」が低く，かつ「被侵害得点」は高い

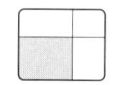

　いじめや悪ふざけを受けていたり，不適応になっている可能性の高い子どもたちです。学級の中で自分の居場所を見いだせず，不登校になる可能性が高いといえます。この群は，個別の特別な対応を必要としている子どもたちです。

　学級生活不満足群の中でも，要支援群となると，不登校になる可能性，いじめ被害を受けている可能性がとても高く，早急に個別対応が必要となります。

（2）学校生活における意欲
（「やる気のあるクラスをつくるためのアンケート」52〜53ページ参照）

　学校生活意欲尺度の合計得点から，子どもたちの学校生活における意欲を知ることができます。また，各領域（友人との関係，学習意欲，学級との関係，教師との関係，進路意識など）の得点から，どの領域に対する意欲が低いのかをも知ることもできます。

　「いごこちのよいクラスにするためのアンケート」の結果と合わせて見ることで，その子どもがどの領域が低くて（高くて）その群にいるのかを，分析的に理解することができます。それが教師の具体的な対応の目安になるのです。

学校生活意欲プロフィール（小学校用）

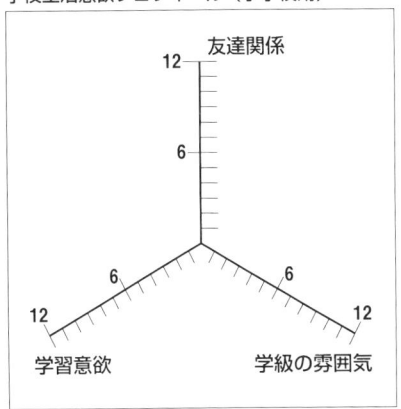

学校生活意欲プロフィール（中学・高校用）

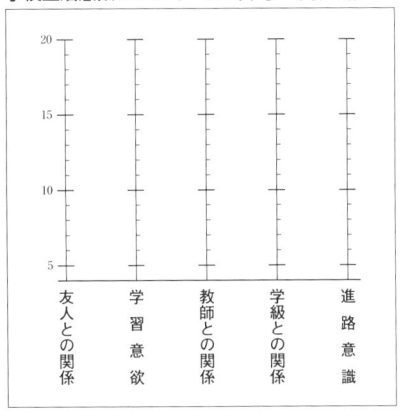

2 学級集団について

　まとまりがある親和的な学級になるためには，学級に「ルール」と「リレーション」の２つの要素が同時に確立していることが必要条件です。

　Ｑ－Ｕでは，学級満足度尺度の結果の分布状況から，学級におけるルールとリレーションの確立の様子を知ることができます。

　ルールとは，学級内の対人関係に関するルール，集団活動・生活をする際のルールのことで，学級の全員に理解され，定着していることが必要です。ルールが定着していれば，対人関係のトラブルは減少し，子どもたちは傷つけられないという安心感のなかで，友人との交流も促進されます。

　リレーションとは，互いに構えのない，ふれあいのある本音の感情交流がある状態です。学級内の対人関係のなかにリレーションがあることで，子ども同士に仲間意識が生まれ，集団活動（授業，行事，特別活動など）が協力的に，活発になされるのです。

　Ｑ－Ｕでは，「被侵害得点」が「ルール」の確立と反比例の関係にあります。学級内にルールが確立していると，子どもたちのプロットは全体的に平均値よりも右側（低い得点）に散らばります。

　「承認得点」は「リレーション」の確立と正比例の関係にあります。学級内にリレーションが確立していると，子どもたちのプロットは全体的に平均値よりも上側（高い得点）に散らばります。

　以上を図に表すと，右のようになります。

第3章 実施・集計の仕方と結果の見方

ルールの確立 →

侵害行為認知群　　　承認得点　学級生活満足群

リレーションの確立 ↑

被侵害得点

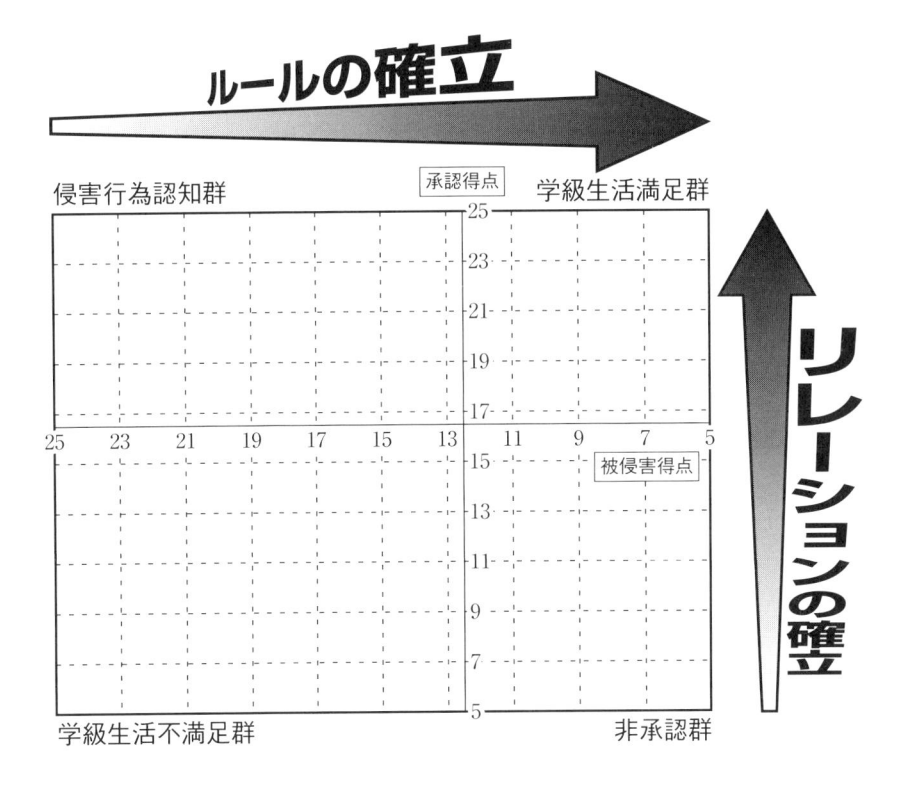

学級生活不満足群　　　　　　非承認群

　さらに，ルールの確立状況とリレーションの確立状況の組み合わせから，学級満足度尺度の結果の分布は次の5つのタイプに分類されます。
　代表的なタイプを，60〜61ページに説明します。

59

ルールとリレーションの確立状態から見る学級満足度尺度の分布

① 右上に集まった分布

　学級内にルールが内在化しており，その中で，子どもたち全体の承認得点が高くなっています。主体的に生き生きと活動できている状態で，教師がいないときでも，子どもたちだけである程度活動することができます。

　また，親和的な人間関係があるので，子どもたちのかかわり合い，発言も積極的で，活気があり，笑いが多い学級です。

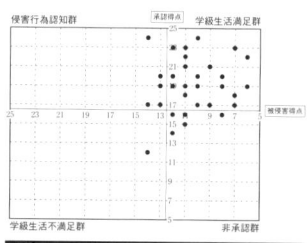

〈ルールとリレーションの確立した親和的な学級集団〉

② 縦に伸びた分布

　ルールは定着しているものの，子どもたちの間で承認得点の差が大きくなっています。

　一見静かで落ちついた学級に見えますが，子どもたちの意欲に大きな差が見られ，人間関係も希薄です。子どもたちは教師の評価を気にする傾向があり，子ども同士の関係にも距離があります。シラッとした活気のない状態で，学級活動も低調気味です。

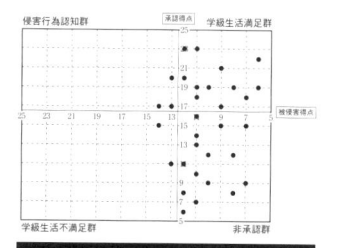

〈リレーションの確立がやや低い学級集団〉

③ 横に伸びた分布

　承認得点は高いのですが，被侵害得点の差が子どもたちの間で大きくなっており，学級内のルールの定着が低く明確になっていません。

　一見，子どもたちが元気で自由にのびのびとしている雰囲気の学級に見えますが，学級

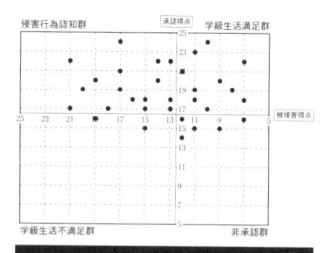

〈ルールの確立がやや低い学級集団〉

内の行動規範が低下していて、授業では私語が見られたり、係活動の遂行などに支障が見られ始めたりして、子どもたちの間で小さなトラブルが頻発している状態です。特定の声の大きな子どもたちに、学級全体が牛耳られてしまう傾向があります。

④ 斜めに伸びた分布

②、③の状態のときに具体的な対応がなされないまま経過すると、右の形態が出現します。それまでの学級のプラス面、すなわち、一見静かで落ち着いた学級（②）、一見元気で子どもたちが自由にのびのびとしている雰囲気の学級（③）といった側面が徐々に喪失し、そのマイナス面が表れてきます。

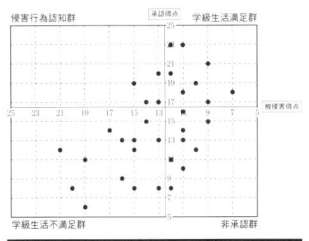

〈ルールとリレーションの確立がともに低い学級集団〉

このような状態になると、教師のリーダーシップは徐々に効を奏さなくなり、子どもたちの間では、互いに傷つけ合う行動が目立ち始めてきます。

⑤ 左下に集まった分布

学級生活不満足群に70％以上の子どもたちがプロットされた状態は、学級がすでに教育的環境になっておらず、授業が成立しないことを示しています。そればかりか、子どもたちは集まることによって、互いに傷つけ合い、学級に所属していることに対しても、肯定的になれません。

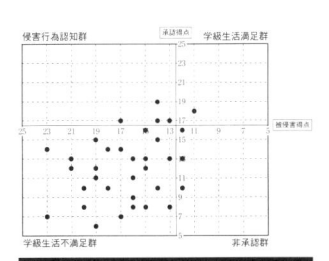

〈ルールとリレーションが喪失した崩壊状態の学級集団〉

3　個人と集団の関係について

　①一人一人の子どもについての情報と，②学級の状態についての情報が得られたら，その2つを組み合わせて，より詳細な分析を行います。

　例えば，同じ学級生活不満足群に位置する子どもでも，まとまりのある学級の中で1人だけがぽつんと離れている場合と，バラバラな学級の中で不満をかかえている子どもが複数いる場合とでは，教師に必要な対応と優先順位は異なることがわかるでしょう。

　このように，個人と集団の関係を見ることで，学級経営の具体的な方針が見えてきます。

第4章
活用の仕方

> 結果はどのように活用すればいいのでしょうか？

A

不登校予防・いじめ問題の発見と予防・学級崩壊の予防・教育実践の効果測定など，目的に応じて，次のように活用します。

16ページで紹介したＱ－Ｕの代表的な活用の仕方に応じて，ここでは概要を述べ，詳しくはＱ－Ｕに準拠した参考書を紹介します。

1　不登校の予防には

　学級満足度尺度（「いごこちのよいクラスにするためのアンケート」51ページ参照）で，学級生活不満足群（とくに要支援群を最優先）と判定された子どもたちは，不登校になる可能性が高いといえます。学校生活意欲尺度（「やる気のあるクラスをつくるためのアンケート」53ページ参照）で各領域の状態を確認し，低い得点の領域を中心に，該当する子どもの学校生活の様子を細かく観察します。

　日常観察である程度の様子が明らかになってきたところで，タイミングよく，子どもと個別の話し合いをすることが必要です。「最近ちょっと元気がないように感じるんだけど，先生と少し話さないか？」という感じです。

　面接で明らかになったことも含めて，具体的な予防的対応を進めていきます。例えば，友人関係に問題があるならば，生活班や座席の位置な

どに配慮したり，教師が意識して言葉かけや交換日記を行うなどの対応を進めていきます。

2　いじめ問題の発見，予防には

学級満足度尺度で侵害行為認知群，または学級生活不満足群と判定され，かつ，学校生活意欲尺度の友人関係得点も低い子どもは，いじめ被害や悪ふざけを受けている可能性が高いといえます。

対応の進め方は不登校予防の場合とほぼ同様ですが，くれぐれもそのうち何とかなるのではないか，忙しいからしばらく様子を静観しよう，と考えずに，具体的に対策を講じることが大事です。

◆不登校・いじめの予防に関する参考図書◆
國分康孝・河村茂雄共著『学級の育て方・生かし方』金子書房
河村茂雄著『教師のためのソーシャル・スキル』誠信書房
河村茂雄編『ワークシートによる教室復帰エクササイズ』図書文化

3　学級崩壊の予防，学級集団づくりには

学級満足度尺度の結果の分布状況から，学級における「ルール」と「リレーション」の確立状態を理解することができます。それぞれの状況に応じて，学級が集団としてより成熟した方向へ向かうように対応します。68・69ページに，学級のタイプ別に対応の方針を示します。

◆学級育成や崩壊予防に関する参考図書◆
河村茂雄著『学級崩壊　予防・回復マニュアル』図書文化
河村茂雄編著『タイプ別　学級育成プログラム　小・中学校編』図書文化
河村茂雄著『学級崩壊に学ぶ』誠信書房

4 教育実践を効果的に進める資料として，また教育実践の効果測定に

　3と同様に，学級満足度尺度の子どもたちのプロットの分布図から，学級集団のタイプを把握し，そのタイプ別に，効果的な学級活動や授業の構成，展開の仕方を工夫することができます（68・69ページ参照）。このとき，学校生活意欲総合点の分布，各領域の得点の分布（53ページ B-3・4参照）も参考にすると，より適切な対応方法が見いだせます。

　また，効果測定に活用するには，教育実践を行った時期の最初と最後（学期，学年の初めと終わりなど）にQ-Uを実施します。そして，学級満足度尺度の子どもたちのプロットの分布の変化や，「承認得点」と「被侵害得点」の学級平均値の差，学校生活意欲総合点や各領域の得点の学級平均値の差を検討することで，教育実践や教師の対応についての効果を測定します。

> ◆授業や学級活動に関する参考図書◆
> 河村茂雄・藤村一夫編『授業スキル　小学校編』図書文化
> 河村茂雄・粕谷貴志編『授業スキル　中学校編』図書文化
> 河村茂雄編著『ここがポイント　学級担任の特別支援教育』図書文化
> 河村茂雄・上條晴夫編『学級タイプ別　繰り返し学習のアイデア
> 　小・中学校編』図書文化

　最後に，全体を網羅するものとしては，以下のような参考図書があります。

★Q-Uに関する基本図書★

河村茂雄著『たのしい学校生活を送るためのアンケート「Q-U」実施・解釈ハンドブック』（小学校1～6年用，中学・高校用）図書文化

河村茂雄編『Q-Uによる学級経営スーパーバイズ・ガイド』（小学校編，中学校編，高等学校編）図書文化

河村茂雄監『Q-U実践講座～目で見る学級集団の理解と対応の実際～』（CD-ROM）図書文化

学級集団の状態に合った指導行動のポイント

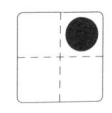

① ルールとリレーションが同時に確立している学級集団

子どもたちの相互作用を拡大するよりも，質を深めることに重点をおきます。ルールやリレーションが確立している状態なので，子どもたち主体の活動を多く入れ，教師は委任的なリーダーシップをとることを心がけます。

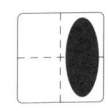

② リレーションの確立がやや低い学級集団

子どもたちの承認感にばらつきがあります。この温度差を減らすため，評価の視点を多様化させ，子ども同士がさまざまな視点で認め合えるような場を設定し，人間関係を深める対応が求められます。とくに，承認得点の低い子どもに対して，認める行動・がんばりを促す言葉がけが，まず教師に求められます。

このタイプの学級集団に対して，ほとんどの教師が叱責・叱咤で行動させようとしますが，逆効果です。

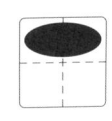

③ ルールの確立がやや低い学級集団

ルールの確立が低下しています。2～3の最低限のルールを明確に示し，短時間で意識的に活動させ，充実した活動ができたという体験を，繰り返し子どもたちに積ませます。そうすると，学級内にルールが次第と定着してきます。

このタイプの学級集団に対して，ほとんどの教師が，活動する際のルールを事前にしっかり明示していなかったり，ルール違反をした子どもへの対応が慣れ合いになっていることが多いのです。ルール違反は見逃さずにその場ではっきりと指摘し，かつ，ルールに即して活動できた子どもたちを積極的にほめるような意識的な対応が求められます。

④ ルールとリレーションの確立がともに低い学級集団

表面化している子どもたちのフラストレーションに起因する問題行動に対処しつつ，②③の対応を，合わせてやっていくことが求められます。教師の対応としてはかなりむずかしくなっていくので，できればこうなる前の段階で適切な対処を開始することが，切に求められます。

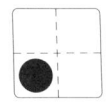

⑤ ルールとリレーションが喪失した崩壊状態の学級集団

子どもたちに裏面交流が起きています。いったん相互作用を断ち切り，まずは教師と一対一の信頼関係を築くことから始めます。その後，2人組→4人組→8人組と，グループを拡大しながら学級を再建していきます。

> 学校全体でQ-Uをうまく活用するための秘訣はありますか？

A

「K-13法」というマニュアル化された事例研究法を活用すると，教師同士が抵抗なく，問題解決志向の検討会を進められます。

　　Q-Uの結果は，教師が1人でも十分活用することができますし，参考図書をひも解けば，さらに深めることができます。

　ただ，自分1人ではどうしても不安なとき，仲間からのアドバイスが欲しいとき，学年のサポートが必要なときもあります。そんなとき，校内で各教師がQ-Uの結果をもち寄って，検討会を行うことができればとても有効なことです。Q-Uの結果の見方だけではなく，対応方法のヒントを同僚教師からもらえて，より具体的な対応が見えてくるからです。

　しかし，自分が担任する学級集団の状態を他の教師に知られることに，抵抗を感じる先生もいると思います。学級集団の状態が悪いときなどはなおさらです。自分の学級経営のあり方が非難されはしないかと，不安になるものです。

　そこで，教師同士が抵抗なく・具体的な問題解決志向の検討会を進められるような事例研究法が開発されました。「K-13法」という，マニュアル化された事例研究法です。すでに全国の学校現場で広く実施されています。

校内でQ－Uをうまく活用して学級経営，教育実践を充実させている学校の教師たちは，この事例研究法を活用しています。ポイントは，事例提供者を責めることのないよう参加者がアイメッセージで語ることです。「あなたが〜だから悪い」という言い方はせず，「〜について，私はこう思う」というように話します。「K－13法」の効果は，Q－Uの見方・対応方法が深まるだけではなく，教師同士のつながりが深まり，教師同士の人間関係が良好になるところにあります。助け合う仲間，という意識が生まれるからだと思います。

　「K－13法」の構成は，インシデント・プロセス法，ブレーンストーミング法，カード式グループ発想法の一部を活用した，メンバー全員参加による，集団思考・体験学習型の事例研究法です。全部で13の内容に取り組みながら，学級集団の理解と対応を検討していきます。やり方に慣れてくると，約1時間前後で実施できるようになります。

　では，「K－13法」のやり方を72・73ページに解説します。映像として見ることのできるCD-ROMもあります（67ページ参照）。

Q-Uを使った事例研究法「K-13法」

▶▶事例提供者による事例の発表
　参加者はプロット図にマークしたり，内容を書き込む。
❶ 学級のリーダーを説明します。
❷ 配慮を要する子どもを説明します。同時に，プロットされている位置が予想外の子どもがいたら説明します。
❸ 子どもたちのおもなグループを説明します（グループの特徴，リーダーについても説明する）。
❹ 学級の問題と思われる内容を説明します。
❺ 参加者は事例提供者に疑問点・確認したい点を質問し，答えてもらいます。

> 授業がザワザワして一部の生徒がまったく言うことを聞かないので困っています

▶▶アセスメント
❻ 参加者（事例提供者も含めて）が，考えられる問題発生・維持の要因を，できるだけ多くカードに書きます。
❼ 全員のカードを出し合い，似た内容のもの同士を集めて画用紙に貼りつけ，それぞれに小見出しをつけます。

❽ カードの貼られた画用紙を，重要だと思う順番に並べます。そう考えた理由を発表し合い，全員で協議して，一応の統一見解・仮説をつくります。
「私は〜だから〜と思う」という，アイ・メッセージで発表します。

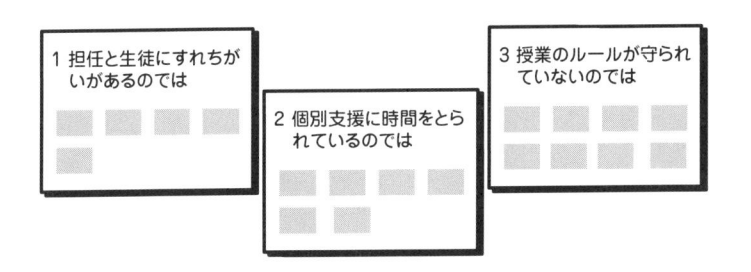

```
┌─────────────────┐  ┌─────────────────┐  ┌─────────────────┐
│ 1 担任と生徒にすれちが │  │                 │  │ 3 授業のルールが守られ │
│   いがあるのでは    │  │ 2 個別支援に時間をとら │  │   ていないのでは    │
│  ■ ■ ■ ■     │  │   れているのでは    │  │  ■ ■ ■ ■     │
│  ■             │  │  ■ ■ ■ ■     │  │  ■ ■ ■ ■     │
│                 │  │  ■ ■           │  │                 │
└─────────────────┘  └─────────────────┘  └─────────────────┘
```

▶▶対応策の検討
❾ ❽で考えた問題の要因に対する，解決法をできるだけ多くカードに書きます。抽象論ではなく，具体的な行動レベルで記述し，事例提供者が現状の力量で，現実的に取り組める内容にします。
❿ ❼と同じように整理します。
⓫ ❽と同様に順番をつけ，話し合って統一の対応策をつくります。
目的地を明確にし，1カ月後のサブゴールも明確にします。
⓬ 事例提供者が不安に思う点，懸念される問題点について，対処策を確認します。

▶▶結論と決意の表明
⓭ 事例提供者が，取り組む問題と，具体的な対策をみんなの前で発表します。全員の拍手をもって終了します。

【フォローアップ】
　1〜2カ月後に，再びQ－Uを実施し，ポジティブな変容が認められない場合は，再び同様の会議を実施します。

Q－Uの研修方法にはどんなものがありますか？

A

さまざまな研修会が開かれていますし，校内研究会に講師を招くこともできます。

　自分の学級経営，教育実践，子どもたちへの対応をより向上させたいと願わない教師はいないでしょう。その手段のひとつとしてQ－Uがあることを知って，もっと深めたいと思っている先生方は，今後どのような研修をすればよいのでしょうか。いくつか紹介しますので，参考にしてみてください。

① 東京で行われている全国規模のQ－Uの研修会に参加する。

　毎年8月上旬に東京で行われ，全国から多くの先生方が参加されています。指導主事の先生や，かなりの熟練者，そして初心者の方など，参加メンバーはさまざまですので，スキルアップできるだけではなく，多くの情報も得ることができると思います。

　　　［問い合わせ先］日本図書文化協会
　　　　　　　　　　　TEL 03-3947-7031
　　　　　　　　　　　URL http://www.toshobunka.co.jp/koza/

② 地域の教育センターの研修会に参加する。

　河村茂雄，あるいは私と一緒に研究している都留文科大学の先生方が，

第4章　活用の仕方

講師として出かけています。教育センターのプログラムを探してみてください。
③　近隣で自主的に運営されている「Q-U学習会」に参加する。
　巻末（93ページ）に学習会の紹介がありますので，ぜひ参考にしてみてください。
④　日本教育カウンセラー協会およびその支部が運営している研修会に参加する。
　　［問い合わせ先］ＮＰＯ日本教育カウンセラー協会 事務局
　　　　　　　　　TEL/FAX 03-3941-8049
　　　　　　　　　URL http://www.jeca.gr.jp/
⑤　校内研究会，自主的な学習会などに，Q-Uのネットワークから（巻末94～99ページに掲載されています）講師を招き，研修する。

インターネットで「Q-U」を検索すると，13万5000（H18.1現在）を超えるデータが掲載されています。個人でホームページを運営している先生もいます。ぜひ，試してみてください。

サポート機関はありますか？

A

各地の「Q-U学習会」が，その役割を担っています。

Q-Uを実践している先生方の「声」に，次のようなものがあります。

○勤務している学校の教師同士の人間関係がギクシャクしています。校内で各教師がQ-Uの結果をもち寄って，互いの結果の検討会を行うことなどとても無理です。もしそのような会があったとしても，私は本音で自分の考えを言うことができないと思います。

○自分の勤務する学校は地方の郡部です。保守的な先生が多く，校内でQ-Uを実施して学級集団の状態を定期的にチェックしながら学級経営を行っているのは，私1人です。したがって，教師仲間のアドバイスが欲しいと常々思っているのですが，それがかないません。

○私はベテランなので，学校の若い同僚たちに自分が担任する学級集団の悪い状態を，ストレートに開示することなどとても恥ずかしくてできません。しかし，学級経営でほんとうに悩んでいるのです。

○校内でQ-Uの事例研究会を行っているのですが，みんな初心者ばかりで，なかなか深まりません。アドバイスをしてくれる講師がいるような事例研究会に，ぜひ参加したいと思います。

第4章 活用の仕方

　実は，このような思いをもっている先生方は少なくないと思います。

　このような場合，それぞれの地域で，教師たちが自主的に運営している「Q－U学習会」に参加してみてほしいと思います。規模も運営もしっかりしている学習会が，私が把握しているだけでも，全国に20近くあります。

　それらの「Q－U学習会」が作られた経緯としては，2つのタイプがあります。ひとつは，教育センターなどの先生方が，地域の先生方と連携して，学習会を運営している場合です。8年ほど前から，私は全国の県レベル，政令指定都市レベルの教育センターで，「Q－Uによる学級経営」といったテーマで研修会の講師を務めるようになりました。その数は，200回を超えたでしょうか。そのときの先生方が中心に運営されている会がたくさんあります。個別に学級経営の相談にのっている例もたくさんあります。

　もうひとつは，全国規模の教育研究会・研修会，学会の研究会・研修会に熱心に参加されている先生方が，自分の地域に学習会を立ち上げて，運営している場合です。

　どちらも，Q－Uの講師ができる力量のある先生方がリーダーとなって運営されていますので，学級経営に悩んでいる先生，学級経営をより向上させたいと願っている先生は，ぜひ参加されるといいと思います。適切なサポートも得られると思います。

　巻末（93ページ）に学習会の紹介もありますので，ぜひ参考にしてみてください。

hyper-QUとはどのようなものですか？

A

従来のQ-Uとの大きな違いは，①「日常の行動をふり返るアンケート（ソーシャルスキル尺度）」が加わったこと，②学級集団の状態に対して，診断と今後の対応方法に関するコメントが示されることです。

1　hyper-QUとは

　2007年4月，『よりよい学校生活と友達づくりのためのアンケートhyper-QU』が図書文化社から発行されました。

　Q-Uは，「学級満足度尺度」と「学校生活意欲尺度」の2つの尺度から構成されています。これに「ソーシャルスキル尺度」が加わり，3つの尺度から構成されているのがhyper-QUです。

　ソーシャルスキルとは，対人関係を営む技術のことです。

　子どもたちが学級という集団で，友達と積極的・建設的にかかわり合うためには，対人関係のマナーやルール（集団の中で暗黙に了解されている一定の望ましい行動様式）を身につけていることが必要です。hyper-QUでは，このような対人関係のマナーやルールの定着具合を，スキルという子どもの行動の側面から診断することができます。

　2007年現在，hyper-QUは，小学校4～6年生用と，中学校用が販売されています。実施方法はこれまでのQ-Uと同じですが，ソーシャルスキル尺度が加わった分，実施時間は約20分となります（従来は約15分）。

また，集計方法はコンピュータ診断のみとなります。

2 なぜソーシャルスキル尺度を加えたのか

これまでの研究により，学級状態と子どもたちのソーシャルスキルには次のような関係があることがわかっています。

① 親和的で建設的にまとまった学級で子どもたちが活用しているソーシャルスキルは，学校・学級生活を満足度が高く意欲的に送っている子どもたちが活用しているソーシャルスキルとほぼ一致している。

② 荒れが見られる学級では，子どもたちが活用している共通のソーシャルスキルが少ない。そういう学級では，子どもたちが活用しているソーシャルスキルはグループごとにバラバラである。

③ 荒れが見られる学級では，学校・学級生活を満足度が高く意欲的に送っている子どもたちが活用しているソーシャルスキルを知っている子どもでも，活用していない。その結果，学級内の子どもたちの対人関係がギスギスしてしまって，学級の荒れにつながっていることが考えられる。

私はとくに①の結果に注目し，親和的で建設的にまとまった学級で子どもたちが活用しているソーシャルスキルの最大公約数を整理しました。そして，それを「学級生活で必要とされるソーシャルスキル(Classroom Social Skills：CSS)」と名づけました。これがhyper-QUのソーシャルスキル尺度のベースとなっています。

これらのスキルを身につけることで，子どもたちが学級でより満足感が高く生活でき，学級集団が子どもたちの親和的なかかわりの中で建設的にまとまり機能するようになることをめざしています。

具体的なソーシャルスキルの内容や指導方法については，拙著『グループ体験によるタイプ別学級育成プログラム』ならびに『いま子どもたちに育てたい学級ソーシャルスキル』（ともに図書文化）を参考にしてください。

3　hyper-QUの特徴

(1) 学級集団の状態に対する診断が得られる

hyper-QUでは，「学級満足度尺度」の結果に対して，より詳細な診断コメントが得られるようになりました。

これまでに累積した15万学級の分析データから，自分の学級の結果が「縦に伸びた分布」「横に伸びた分布」（60ページ参照）などのどれに属しているか，ルールやリレーションの確立状況がどうなっているかについての診断とコメントが得られます。また，総合的な診断に基づいて，今後の学級経営方針に関するアドバイスが得られます。コメントの見本については，82ページをご覧ください。

(2) ソーシャルスキル尺度が加わり，多面的な理解が可能に

子どもや学級集団のソーシャルスキルの状態が確認できるようになり，今後の学級経営の方針を考えるうえでの手がかりが増えました。

ソーシャルスキル尺度には２つの得点があります。

「配慮のスキル」得点は，「人の話を最後まで聞く」「約束を守る」など，対人関係の基本的なマナーをしっかりと守っていることを表しています。いっぽうで，「かかわりのスキル」得点とのバランスが極端に悪い場合，自分の気持ちを抑え込んで，無理をして周囲に合わせている可

能性もあります。

「かかわりのスキル」得点は,「みんなと同じくらい話す」「自分から友人を遊びに誘う」など,人とかかわるきっかけをつくったり維持したりできることを表しています。いっぽうで,「配慮のスキル」得点とのバランスが極端に悪い場合,その子の自分勝手な面が強く発揮され,周囲とのトラブルが起きている可能性もあります。

また,スキルの2つの得点が共に高いにもかかわらず学級生活への満足度が低くなっている場合は,子どもがスキルを十分に発揮できない状況におかれている可能性があります。

(3) 個人票を使って,子どもや保護者へのフィードバックができる

hyper-QUでは,学級全体の結果(82ページ)に加えて,子ども一人一人に対する結果(個人票,84ページ)が出力されるようになりました。

個人票には,「学級満足度尺度」「学校生活意欲尺度」「ソーシャルスキル尺度」の結果に加え,オプションで学力検査などのバッテリー情報も出力することができ,多面的に子どもを理解する資料となります。子どもや保護者との面談の資料としても最適です。

個人票の右半分(85ページ)は,切り取って,子どもへの返却資料として使うことができます。とくに裏面はワークシートになっていて,ふだんの自分の行動を振り返る教材として活用できます。

ところで,Q-Uとhyper-QUのどちらを使えばよいか,質問を受けることがあります。初めて実施する場合や,事例検討会をすることが困難な場合は,より詳細なコメントが得られるhyper-QUをおすすめします。

①-B hyper-QU 学級集団理解シート

1. 学級満足度尺度結果のまとめ

	人	全国
侵害行為認知群	9	17 %
	24 %	
前回	19 %	

	人	全国
学級生活満足群	12	35 %
	32 %	
前回	30 %	

注．A、B、C、…の記号が打ち出されている箇所は、2人以上の生徒が重なっていることを表しています。

重複している児童
A…㉒と㉕

	人	全国
学級生活不満足群	10	33 %
	27 %	
前回	41 %	

	人	全国
非承認群	5	15 %
	14 %	
前回	11 %	

学級満足度尺度からみた学級集団のようす

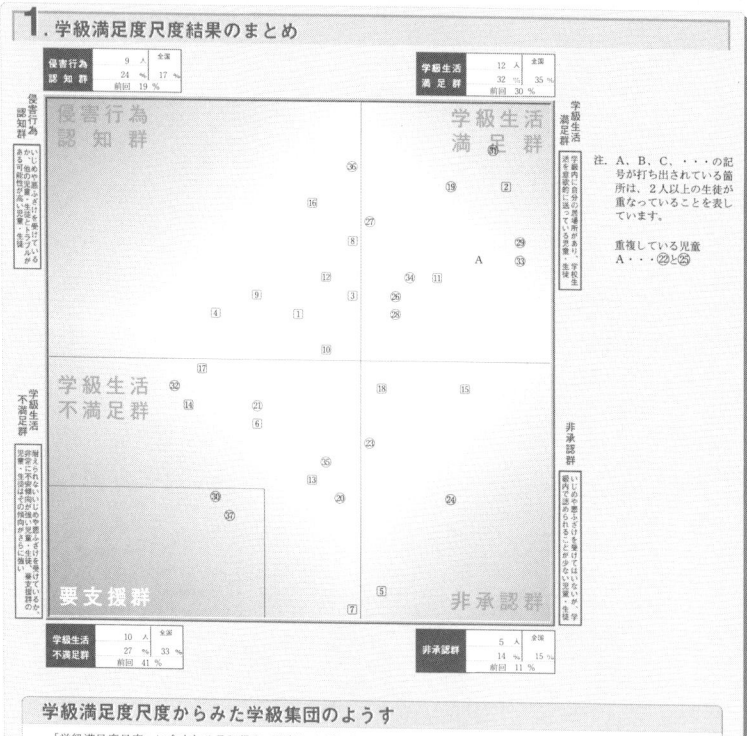

「学級満足度尺度」に含まれる承認得点（縦軸）と被侵害得点（横軸）の分布のようすから、現在の学級集団がどのような状態かを把握することができます。

本学級についての、承認得点と被侵害得点の分布からみて、学級生活に満足できている子どもたちと、あまり満足感をえられていない子どもたちとに、分離してしまっていることが想定されます。このような状態の子どもたちが集まった学級は、荒れのきざしが見られる学級集団と考えられます。比較的楽しく学級生活を送る生徒がいる一方で、一定数の子どもたちが、学級全体の活動にブレーキをかけたり、低下させたりするような行動をしている可能性があります。

その結果、学級の雰囲気は教師によっては授業中でもざわざわしたり、冷かしや中傷がみられたり、さらには、教師に対する反発的な行動が出現することもあります。また、グループ内の関係も階層化して、グループの中で立場の強い子どもがより立場の弱い子どもに対して侵害行為を与えていることも考えられます。

付記　hyper-QUについて

本シートは、hyper-QUを活用して現在の学級集団のようすや生徒のようすについて、より理解を深めるためのものです。

東京都　学校名　教研中学校
1年　3組　37名　2007年12月5日　実施

2. 学校生活意欲（領域別）の結果
【学校生活意欲尺度の3つの領域（友人・学習・学級）について、児童・生徒の結果を3段階で示しています。】

友人との関係　　　学習意欲　　　学級との関係
低　中　高　　　低　中　高　　　低　中　高

3. ソーシャルスキルの集計
【全国の平均を100としたときの学級の平均を、棒グラフで表しています。】

	学級の平均	全国の平均
「配慮」のスキル	30.4	30.3
「かかわり」のスキル	28.2	27.3

4. hyper-QUの結果から考えられる今後の指針

本学級は、荒れのきざしが見られる学級集団と考えられます。そこで、現在行われている学級経営の方針や対応については、次のような点に配慮して修正していくことが望ましいと判断されます。その一つは、非建設的な行動をしている子どもたちへの個別対応です。このような生徒に対する心情面にそった対応が望まれます。その際、全体活動の中ではマイナスの行動をとる生徒たちに巻き込まれないように注意します。もう一つは、学級全体への一斉指導です。学級内のルールの定着を図り、承認得点の低い子どもたちが認められる場面を意識して設定するなどの工夫を盛り込むことが望ましいでしょう。

まず、学級でみんなが楽しく過ごせるように、学級のルールや活動上のルールをいくつか決めます。その際、教師は最低限守るべきルールについてはゆずらないようにします。また、帰りのホームルームなどで、ふり返りを行い、できたことを具体的に褒めて、学級全体のルールの定着を図ります。ルールの定着が難しいような生徒については、教師と子どもの個別リレーションづくりをするようにします。ルールがある程度守られてきた時点で、生徒同士の交流のある活動をとりいれていくとよいでしょう。たとえば、学級のレクリエーションなどを生徒のアイデアをもとに進めます。企画運営のグループを設けて活動させ、できたことをその都度具体的に認めます。こうした活動をやり遂げたことや成功したことについてポジティブなフィードバックを行います。

©河村茂雄、教研式 図書文化

※見本は中学校用

教師用 ◀

育てる カウンセリング ツール シリーズ

⑤ hyper-QU個人票（教師用）（中学校）

教研中学校　1年　3組　7番　神田　正雄

学級満足度尺度、学校生活意欲尺度、さらにソーシャルスキル尺度の3つの面から、生徒のようすを捉えます。

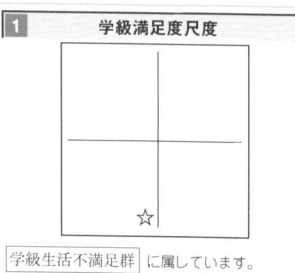

1　学級満足度尺度

☆

学級生活不満足群 に属しています。

【ヘルプシグナル】
★★	学校に行きたくないことがある
	クラスの人から無視されることがある
	クラスの人から悪ふざけをされることがある

★★…とてもそう思う
★…少しそう思う

★のついた項目は生徒が困っている状態と考えられます。援助が必要か見定めて下さい。

2　学校生活意欲プロフィール

（グラフ：友人、学習、教師、学級、進路）

学校生活意欲総合が低いようです。領域でみると「友人」が高いようです。

3　ソーシャルスキル

身についている

| 「配慮」のスキル | 思いやりや対人関係の基本的なルールが守られているかを示す。 | ❀ |
| 「かかわり」のスキル | 能動的に友人と関わる姿勢、自分を表現する力を示す。 | ❀ ❀ |

バッテリー情報

知能SS	学力SS	新成就値
52	50	-1（BA）

生徒には以下の結果が返却されます。

あなたへのメッセージ

あなたは、友だちと一緒に楽しく過ごし、また、学習面でもがんばろうとしていますね。これはよいことです。これからは、将来の希望や夢について少し考えてみるとよいかもしれません。あなたはどんなことをしているときに、楽しいと感じますか。そんなことを考えることが、将来を考えるヒントになります。

1　学校生活のようす　あてはまる

友人	友人と協力し合っているか	
学習	学習にしっかり取り組んでいるか	
学級	学級の活動に積極的に関わっているか	
進路	将来のことをしっかり考えているか	

2　人とのつきあい方

思いやり力　　自己表現力

あなたは、「思いやり力」よりも「自己表現力」の方が強いタイプですね。友達と話をするときに、友だちは今どんな気持ちかな、どんなことを考えているかなと相手の立場を考えながら話をすると友人関係がうまくいきますよ。

Ⓒ 河村茂雄，教研式図書文化

付記　hyper-QUについて

よりよい学校生活と友達づくりのためのアンケート

教研中学校　1年　3組　7番　神田　正雄

この結果は、アンケートに対するあなたの回答をもとにして、つくられたものです。これを見て、自分の学校生活についてふり返ってみましょう。

あなたへのメッセージ

あなたは、友だちと一緒に楽しく過ごし、また、学習面でもがんばろうとしていますね。これはよいことです。これからは、将来の希望や夢について少し考えてみるとよいかもしれません。あなたはどんなことをしているときに、楽しいと感じますか。そんなことを考えることが、将来を考えるヒントになります。

1　学校生活のようす

あなたは、どんなことに充実感を感じていますか？　あてはまる

友人	友人と協力し合っているか
学習	学習にしっかり取り組んでいるか
学級	学級の活動に積極的に関わっているか
進路	将来のことをしっかり考えているか

2　人とのつきあい方　―自分のいつもの行動をふりかえってみよう―

思いやり力　　自己表現力

あなたは、「思いやり力」よりも「自己表現力」の方が強いタイプですね。友達と話をするときに、友だちは今どんな気持ちかな、どんなことを考えているかなと相手の立場を考えながら話をすると友人関係がうまくいきますよ。

なぜうまく気持ちが伝わらないんだろう、なぜ友人とうまくいかないんだろうと悩んだ経験はありませんか？　悩むのは当然、人間関係はとてもむずかしいものです。

さて、みなさんが、楽しく充実した中学校生活を送るためには2つのコツがあります。

まず、学級のようにいろいろな性格の人がたくさん集まるところでは、おたがいが傷つかずに学習や生活ができるようにマナーやルールがあります。それに自分から気づいてさりげなく守ることが一つ目のコツです。つまりマナーやルールを守って「思いやりの達人」になることです。

二つ目は、友人に自分の気持ちや考えを上手に伝え、信頼関係を築くコツです。つまり自己表現力をつけて「自己表現の達人」になることです。

この2つのどちらが欠けていてももうまくいきません。両方そろっていることが大切です。また、どの場面でどれを使うかのタイミングも関係があります。

この2つをマスターし、人間関係の達人になるには、まず、自分がどのタイプかを知ることです。左の図は「人とのつきあい方」について、あなたのアンケート結果をまとめたものです。これを参考にして、自分のめあてを見つけ、楽しく充実した生活を目指してスタートしてみましょう。

裏面にワークシートがあります

Ⓒ 教研式 図書文化

※見本は中学校用

おわりに――Q-Uを通して伝えたいこと

　私は，Q-Uを用いて教育実践を展開する大きな目的は，3つあると考えています。

1　実証的証拠に基づいた教育実践の展開
　　（エビデンス・ベースド）

　近年，学校現場は，不登校や学級崩壊，学力低下などの問題を抱え，その対応に中堅やベテランの教師でさえもたいへん苦労しています。教師の経験則に基づくこれまでの対応が，子どもたちに通用しなくなってきたのです。このような現状は社会的な批判を受けることが多く，教師の心労に拍車をかけています。教師たちの教育実践への自信は揺らいでいるのではないでしょうか。

教育実践の進め方

① 児童・生徒の実態，学級集団の状態を適切に把握する（アセスメント）。
② ①の実態に有効性が確認されている先行実践を調査する。
③ ①と②を判断し，実践する計画を立てる。
④ 実践を行う。
⑤ 実践の成果を節目ごとに客観的に評価する・新たな①となる。
　（①のときと同様の調査法を用いて，事前と事後の差から検討する）
以後，②以下を繰り返す。

従来は，教育実践のための実態把握（アセスメント）を教師の観察法，面接法のみに頼っていた面がありました。さらに指導方法の選択についても，教師たちのこれまでの経験則に頼りきっていたという面がありました。例えば医学の世界では，治療方法の選択は当然のことであり，それを受けて，心理臨床の世界でも急速にこのような意識が強まっていますが，教育現場ではかなり遅れていると思います。

　なぜでしょうか。その原因として，実践研究や実践報告を書く際，日本全国に通用するようなルールがなかったこと，そのため実践結果を客観的に評価することができなかったことがあげられます。他の実践者が，先行実践から学ぶというシステムがなかったのです。各地域で発行されている教育関係の研究紀要についても，時間とお金をかけて作成している割には，他の事例にあまり活用されていないというのが実態ではないでしょうか。

　そして評価に関しても，教師自身の手ごたえに委ねられていた面が強いと思います。

　このような教育現場の実態に対して，社会や保護者がノーと言い始めました。7，8年くらい前から，病院での患者さんに対する姿勢が大きく変わってきましたが，いよいよ教育現場にも，その流れが巻き起こってきたのです。

　まず必要なのは，「インフォームド・コンセント（説明と同意）」と「アカウンタビリティ（説明責任）」です。

　インフォームド・コンセントとは，教師が自分の教育実践，すなわち教師の教育観やそれを具現化するための方法論などを，子どもや保護者，

ひいては地域社会に対して事前に説明し，取り組みへの同意を得ることです。さきほどの①②③について，教師は自分で確認するだけではなく，それを開示して，他者からも同意を得なければならないのです。

　アカウンタビリティとは，学校や教師は，取り組んだ教育実践についての内容とその成果を，保護者や地域住民が納得できるように説明する責任があるということです。さきほどの④⑤について，教師は自分で確認するだけでなく，それを保護者や地域住民に責任をもって説明しなければならないのです。

　残念ながら，このような教育実践の原点に返る姿勢は，学校や教師たちが自ら気づいたというよりも，社会や行政からつきつけられたという側面が大きいものです。しかし，きっかけはどうであれ，学校教育現場が閉塞感に包まれている現在，学校や教師はこれをチャンスととらえて，自ら率先して行っていくことが必要だと思います。それが教育実践をより向上させることにつながりますし，結果的に社会からの評価を得ることにつながるのだと思います。

　Q－Uを用いて教育実践を展開するということは，このような教育実践の原点に返る，という意味をもつと考えています。

　子どもたちへの教育実践を，

　・より的確に，信頼性の高い尺度で実態把握（アセスメント）をする

　・その結果から効果が実証された方法論を用いて教育実践をする

　・さらにその成果を的確に，信頼性の高いもので評価する

という，「実証的証拠に基づく教育実践」を展開するために，Q－Uを役立てていきたいと思います。

2 ヒューマン・サービスとしての教育実践の展開

　学校心理学に基づく学校教育は，アメリカを中心に展開されています。十数年前，私はその考え方にふれ，目からうろこが落ちたようなショックを受けました。「真に子どもたちの心に寄り添う教育とはこのことか」と思ったのです。

　学校心理学のポイントの1つは，学校教育を子どもの成長を支援するヒューマン・サービスととらえている点です。

　ヒューマン・サービスとは，個人の幸福・自己実現の保護・促進を目的とした，人が人に対して行う活動であり，教育，医療，福祉，リハビリテーションなどをさします。ヒューマン・サービスの従事者は，自らの教育訓練と経験から獲得した専門性に基づき，サービスの受け手の幸福に役立つことをめざした活動を行うのです。教師も当然，ヒューマン・サービスの従事者です。

　「子どもは学校教育というヒューマン・サービスを活用する権利をもっている」「学校は子どもに学校教育というサービスを行うことを，子ども，保護者，および社会と契約している」と考えます。日本のように，「子どもが公的な機関である学校から，教育を授けていただく」という考え方とは対極をなすものです。

　つまり，学校教育の使命は，子どもたちに対してその発達・学習を支援するサービスを提供することであり，子どもたちは，心理教育的援助サービスを受けるユーザーなのです。

　したがって，教育実践を評価する視点においては，学ぶ側の子どもたちの満足度・評価が重要になってきます。子どもたちが受けた心理教育

的援助サービスへの満足度は，子どもたちの学校・学級生活の満足度に表れます。そこで，私は学校・学級生活の満足度を簡単に把握できるような尺度が作れないかと考えました。Q－Uは，心理教育的援助サービスを受けるユーザーである子どもたちの，学校教育というサービスに対する満足感をとらえる尺度なのです。

　学校や教師は，子どもたちの学校・学級生活の満足度を一定のレベルで維持しながら，文化・技術の継承を行っていく必要があります。大事なこと，正しいことを教えているのだから，少しぐらい辛くても仕方ない，子どもたちの学校・学級生活の満足度が多少犠牲にされても仕方がないと考えないことです。しっかり両者の折り合いがつくように教育実践していくのが，これからの教師の使命だと思います。

3　チームとしての教育実践の展開

　Q－Uを開発した理由の1つに，教師の間で共通のものさしが欲しかった，という面があります。

　そのものさしを使って教育実践や学級経営をみていけば，多義的な教育実践に切り込むための1つの視点をもつことができ，教師同士が議論するための共通の視点，方法論がもてると考えたのです。そして，共通のものさしがあれば，教師たちが連携して，チームとして援助していくうえでの目安になると考えたのです。

　確かに，教育実践は多面的な見方をすることが大事なのはわかります。しかし，教師が全員，各自の価値観・見方で語り始めたら，教師同士の議論はかみ合いません。例えば，教師が強いリーダーシップを発揮して，粛々と一斉講義が進んでいくような授業をよしとする教師もいます。一

方，子ども同士の交流や相互の学び合いがない授業を否定する教師もいます。このとき両者がお互いの価値観だけをぶつけ合っていると，その議論はずっと平行線状態です。

そこで，まず1つの事象を共通の視点・座標軸でとらえてから議論する，これが教師相互の検討のスタートになるのではないかと考えました。その際の共通のものさしは，さきほど述べた，教育を受ける側の子どもたちの満足度です。

このように，その授業を受けている子どもたちの満足度を視点として，議論をすれば，教師同士の価値観のぶつかり合いから，子どもたちの満足度を高めるためにはどうすればよいのかという，具体的な議論になっていくのです。

これまで教師同士で，互いの学級経営や教育実践の展開について議論することは，タブーとされてきました。議論する具体的な視点が明確になっていなかったため，その教師の教育観や人格にまで言及してしまうことが多く，感情的になってしまい，なかなか建設的な話し合いにならなかったためです。

子どもたちの理解と対応，教育実践，学級経営がますますむずかしくなってきたいまこそ，教師の知見を多数結集することが必要なのだと思います。教師の知見を建設的に結集し，教師たちがチームとしてスムーズに活動するためには，教育実践をとらえる共通の座標軸が必要になってきたのだと思います。

現在Q－Uは，全国の教師たちに広く活用されています。そこから導かれた結果を共通の座標軸・視点として用いれば，チーム作りが早くできると思うのです。

結　び

　初春，私の所属する大学の卒業式がありました。卒業生には教師になる者も多く，私のゼミの学生たちも，研究室にあいさつに来てくれました。晴れやかな笑顔とともに，10日後から始まる教師としての生活を思って，彼らが大きな不安を抱えているのがわかります。

　そんなとき，私はいつも次の4つのアドバイスをすることにしています。

① 　教育実践に携わる教師に，不安のない人はいないよ
② 　大事なことは，不安になったとき，それを打破するために状態を把握し，計画を立て，行動に移せるかどうかだよ
③ 　そのために，次のものを身につけておこう
　・状態を把握する確実な方法を最低1つもとう
　・導き出された結果から，今後の計画を立てるための資料・参考書をもとう，具体策のアドバイスをしてくれる先輩・仲間をもとう
　・行動の後押しをしてくれる，辛くなったときに愚痴を聞いてくれる，そのようなサポーター（先輩，仲間，友人）をもとう
④ 　そして，どうしようもなく辛くなったら，ぶらっと故郷のキャンパスを見においで，私の研究室を訪ねておいで，と。

　平成18年春　富士山に見守られた大学の桜並木を見つめながら

河村　茂雄

Q-Uの学習会　紹介　　（情報は2006年4月1日現在のもの）

名　称	備　考
Q-U学習会（岩手）	代表：苅間澤勇人（kari@mr.0038.net） Q-Uを活用して学級集団の状況を理解し，SGEやSSTで介入する方法を深めるために研修を重ねている。また，教師の実践を支えるメンタルヘルスの向上にも一役果たす会である。活動日時について，今年度は未定。
秋田Q-U学習会（秋田）	代表：阿部千春（jeca-akita@yahoo.co.jp，FAX 018-896-4501，http://www5b.biglobe.ne.jp/~spring01/） 秋田県教育カウンセラー協会の事業の一環として，年7回，①SGE・SST体験，②教育カウンセリング講義，③学級経営コンサルテーションを行っている。
Q-U研究会（山形）	代表：松﨑学（山形大学　023-628-4371） 第1水曜日の18:00より，松﨑研究室にて活動。
さいたまQ-U研究会（埼玉）	代表：北條博幸（昌平高校　FAX 0480-34-9854） 毎月第4金曜日，シーノ大宮・生涯学習センターにて活動。「K-13法」を基本に，問題解決志向の援助方法を学び合う。
北総特別支援教育研究会（千葉）	代表：斉藤恵美子（hokusousens@aol.com） 毎月第3土曜日，成田市の印旛教育会館にて活動。特別支援教育の事例について研修するなかでQ-Uを活用している。
福井県教育カウンセラー協会・意見交換会（福井）	代表：細田憲一（福井大学　0776-27-8410） 毎月第2土曜日，福井大学保健管理センターにて活動。定例の意見交換会の前に，事例検討をしている。
Q-Uによる学級経営実践研究（沖縄）	代表：新里里春（NPO沖縄教育カウンセラー協会　TEL・FAX 098-884-2578） 偶数月第3土曜日の9:30～12:30，那覇市の教育福祉会館にて活動。

Q-Uのネットワーク　紹介

　Q-Uを通じて，よりよい教育実践のための仲間を増やしていくことができればと思います。ネットワークの中核になっていただける，全国の先生方を紹介します。(情報は2006年4月1日現在のもの)

都留文科大学河村研究室

河村茂雄　粕谷貴志　武蔵由佳　品田笑子
〒402-8555　山梨県都留市田原3-8-1　　FAX 0554-45-2411

北海道・東北地方

県	名前	所属と連絡先
北海道	三島利紀	国立釧路工業高等専門学校助教授 0154-57-7269（釧路高専）
	髙畠昌之	釧路市教育委員会 ku8682@city.kushiro.hokkaido.jp
	本間芳文	札幌国際大学教授 011-881-2513（研究室）
青森	庄内慎也	三八教育事務所主任指導主事 shinya_shonai@pref.aomori.lg.jp
	長澤良雄	八戸市立湊中学校教頭 nejironejiro51011@yahoo.co.jp
	原　寿	三戸地方教育研究所指導主事 mail@sankyouken.com

岩手	大友秀人	青森明の星短期大学教授 017-765-3500（明の星短期大学）
	藤村一夫	盛岡市立見前小学校教諭 019-638-1618（見前小学校）
	大久保牧子	金ヶ崎町立金ヶ崎小学校養護教諭 kanesyo@rnac.ne.jp
	根田真江	宮古市立崎山中学校教頭 0193-62-4158（崎山中学校）
	苅間澤勇人	県立盛岡農業高等学校教諭・教育相談課主任 h-karimazawa@moa-h.iwate-ed.jp
	大谷哲弘	県立黒沢尻工業高等学校教諭 pft12-tetuhiro-o@kst-h.iwate-ed.jp
	小野寺正己	㈱五藤光学研究所マネジメントサービス課長 onoderamasami@ybb.ne.jp
宮城	上條晴夫	東北福祉大学助教授 haruo.kamijo@nifty.com
秋田	阿部千春	秋田市立泉中学校教諭 chiharu-sge@kdr.biglobe.ne.jp
	曽山和彦	秋田県教育庁特別支援教育課管理主事 kazu3623@hotmail.com
山形	佐藤節子	山形市立大曽根小学校教頭 023-642-3070（TEL兼FAX）
	佐藤克彦	酒田市立浜田小学校教諭 katsu123@cameo.plala.or.jp
	松﨑　学	山形大学教職研究総合センター教授 ep266@kdeve.kj.yamagata-u.ac.jp
福島	吉田正夫	福島県教育カウンセラー協会事務局代表 024-952-0248（事務局）
	水野晴夫	福島県立聾学校平分校

関東地方

県	名前	所属と連絡先
茨城	中山光一	茨城県教職員組合
栃木	伊澤成男	栃木県総合教育センター部長補佐 028-665-7211（センター）
	簗瀬のり子	塩谷教育事務所指導主事
群馬	大澤　源	太田市立綿打小学校教頭 0277-74-0895（FAX）
埼玉	北條博幸	昌平高等学校教諭 soudan@shohei.sugito.saitama.jp
	別所靖子	埼玉大学非常勤講師 048-721-3304（TEL兼FAX）
千葉	勝田真至	八街市立実住小学校教諭 043-444-1227（実住小学校）
	明里康弘	千葉市立花見川第二中学校教諭 043-250-3801（花見川第二中学校）
	明里春美	千葉市立花見川第一中学校教諭 043-259-3580（花見川第一中学校）
	植草伸之	千葉市教育センター指導主事 043-285-0900（センター）
東京	鹿嶋真弓	足立区立蒲原中学校教諭 03-3605-8335（蒲原中学校）
	長須正明	東京聖栄大学専任講師 BXW03120@nifty.ne.jp
神奈川	米山成二	藤沢市相談指導教室室長
	児玉政徳	横浜市教育総合相談センター指導主事 ma00-kodama@city.yokohama.jp

甲信越・北陸地方

県	名前	所属と連絡先
新潟	伊佐貢一	新発田市立竹俣小学校教頭 master@takemata.shibata.ed.jp
	羽賀正道	南魚沼市立大和中学校教諭 hidamari58@yahoo.co.jp
	吉澤克彦	下越教育事務所指導主事 jeca-niigata@aioros.ocn.ne.jp （新潟県教育カウンセラー協会）
富山	水上和夫	富山県総合教育センター教育相談部長 0763-62-1023（TEL兼FAX）
	村田巳智子	富山市立針原小学校教頭 076-465-4737（FAX）
石川	釜谷　剛	石川県教育センター指導主事 076-298-1629（センター）
	疋津信一	石川県中能登教育事務所指導主事
福井	川村信治	福井県立勝山南高校教諭 0779-89-1134（TEL兼FAX）
山梨	浅川早苗	都留市立禾生第一小学校教諭
	深沢和彦	南アルプス市立若草南小学校教諭
	齋木雅仁	甲府市立北西中学校教諭 055-251-7011（北西中学校）
	吉田恵子	山梨県総合教育センター研修主事 kyosida@kai.ed.jp
長野	滝沢洋司	千曲市立治田小学校教諭 026-272-1054（治田小学校）
	岸田幸弘	長野市立裾花小学校教諭 ja0rjb.kishida@nifty.com
	南澤　博	千曲市立戸倉上山田中学校教諭 obasuteminami@ybb.ne.jp

	片桐俊夫	長野県教育委員会教育支援主事 026-235-7456（教育委員会）
	小平幸春	小平心理教育Co研究会　オフィス「希望」主宰 0265-83-5087（TEL兼FAX）

東海地方

県	名前	所属と連絡先
岐阜	木村正男	可児市立南帷子小学校教諭 0574-65-4181（南帷子小学校）
	中谷圭子	岐阜県立長良養護学校教頭 058-233-7418（長良養護学校）
	福冨茂美	県立長良高等学校教諭 058-231-1186（長良高校）
愛知	杉村秀充	稲沢市立明治中学校校長 0587-36-1323（明治中学校）
	高綱睦美	愛知産業大学経営学部経営環境学科専任講師
滋賀	髙橋　宗	聖泉大学人間学部人間心理学科教授 0749-43-7544（心理学実験室）
三重	森　憲治	三重県教育委員会事務局生徒指導・健康教育室生徒指導グループ指導主事
	伊藤芳彦	木曽岬町教育委員会指導主事

近畿地方

県	名前	所属と連絡先
京都	井戸　仁	亀岡市立育親中学校教諭 0771-26-2007（育親中学校）

県	名前	所属と連絡先
大阪	米田　薫	関西国際大学助教授 yonedakaoru@yahoo.co.jp
兵庫	住本克彦	兵庫県立教育研修所心の教育総合センター 主任指導主事 Katsuhiko_Sumimoto@pref.hyogo.jp
広島	斎藤美由紀	広島県立教育センター指導主事 m-saitouk078033@hiroshima-c.ed.jp
鳥取	白水幸子	鳥取県教育センター指導主事

四国・九州・沖縄地方

県	名前	所属と連絡先
香川	山本兼司	坂出市立西庄小学校教諭 0877-46-2662（西庄小学校）
	松田　勝	香川県教育カウンセラー協会代表 0879-43-0625（支部事務局）
高知	上村国之	高知県心の教育センター心の教育班長 kuniyuki_kamimura@ken3.pref.kochi.jp
	横田　隆	高知県教育カウンセラー協会理事 088-832-4498
福岡	髙丸美津子	北九州市立教育センター指導主事 093-641-1775（センター）
沖縄	仲村将義	沖縄県立南風原高等学校教諭 nakmurms@open.ed.jp

▼△著者紹介△▼

河村　茂雄　　かわむら・しげお

都留文科大学大学院教授。博士（心理学）。筑波大学大学院教育研究科カウンセリング専攻修了。公立学校教諭・教育相談員を経験し，東京農工大学講師，岩手大学助教授を経て現職。日本教育カウンセリング学会常任理事，上級教育カウンセラー。日本カウンセリング学会常任理事。日本教育心理学会理事。論理療法，構成的グループエンカウンター，ソーシャルスキルトレーニング，教師のリーダーシップと学級経営について研究を続ける。「教育実践に生かせる研究，研究成果に基づく知見の発信」がモットー。著書：『教師のためのソーシャル・スキル』『教師力　上・下巻』（誠信書房），『若い教師の悩みに答える本』（学陽書房），『学級崩壊　予防・回復マニュアル』『学級担任の特別支援教育』『学級タイプ別　繰り返し学習のアイデア　小・中学校編』（図書文化）ほか多数。

学級づくりのためのQ-U入門
「楽しい学校生活を送るためのアンケート」活用ガイド

2006年 6 月20日	初版第 1 刷発行［検印省略］
2007年 1 月20日	初版第 3 刷発行
2007年 7 月10日	第 2 版第 1 刷発行
2023年 4 月10日	第 2 版第17刷発行

著　者　Ⓒ河村　茂雄
発行人　則岡秀卓
発行所　株式会社　図書文化社
　　　　〒112-0012　東京都文京区大塚 1 - 4 - 15
　　　　Tel 03-3943-2511　Fax 03-3943-2519
　　　　振替　00160-7-67697
　　　　http://www.toshobunka.co.jp/
DTP　　有限会社 美創
印刷・製本　株式会社 厚徳社

JCOPY ＜出版者著作権管理機構 委託出版物＞
本書の無断複写は著作権法上での例外を除き禁じられています。
複写される場合は，そのつど事前に，出版者著作権管理機構
（電話 03-5244-5088, FAX 03-5244-5089, e-mail: info@jcopy.or.jp）
の許諾を得てください。

乱丁・落丁本の場合はお取り替えいたします。
定価はカバーに表示してあります。
ISBN978-4-8100-6468-1　C3037

学級づくりのための Q-U 関連図書

図書文化

Questionnaire - Utilities

育てるカウンセリング実践シリーズ①
学級崩壊 予防・回復マニュアル

～全体計画から1時間の進め方まで～

Q-Uの主軸となるルールとリレーションの観点から『集団理解』と今後の展開が分かる一冊。集団と個人への対応を網羅。学級崩壊をどう予防し、どう回復させたらいいかに答える。

河村茂雄 著　　　　　　　　　　　B5判　本体 **2,300** 円

育てるカウンセリング実践シリーズ②③
グループ体験による タイプ別！学級育成プログラム

～ソーシャルスキルとエンカウンターの統合～

ソーシャルスキルとエンカウンターを統合した学級経営入門書。Q-Uの実際のデータに基づき、グループ体験を用いた人間教育、クラスづくりの方法を学級タイプ別に紹介。

河村茂雄 著　　　　小・中学校編…B5判　本体各 **2,300** 円

育てるカウンセリングによる 教室課題対応全書②
学級クライシス

教育機能を失った学級崩壊の緊急再生策

Q-Uの結果が悪くでた時、クラスが荒れた時の対策を具体的に提示。ルールを再構築し信頼と安心の人間関係を回復するための原理と進め方を網羅。

國分康孝・國分久子 監修
河村茂雄・大友秀人・藤村一夫 編集　　A5判　本体 **1,900** 円

授業スキル

～学級集団に応じる授業の構成と展開！～

カウンセリング心理学を学習指導に取り入れ、実際の授業に活かすためのバイブル。Q－Uで診断されたクラスの実態にあった具体的なスキルを、教科や単元毎に紹介。

小学校編…河村茂雄・藤村一夫 編集
中学校編…河村茂雄・粕谷貴志 編集　　B５判　本体各 **2,300**円

学級タイプ別　繰り返し学習のアイデア

"授業づくり"と"学級づくり"の一体化

漢字・計算・音読・英単語など，基礎基本の定着を効果的にはかり，学びの深まる学級集団を育てるためのタイプ別アイデア集。

小学校編…河村茂雄・上條晴夫 編集
中学校編…河村茂雄・上條晴夫 編集　　B５判　本体各 **2,000**円

ワークシートによる　教室復帰エクササイズ

～保健室・相談室・適応指導教室での「教室に行けない子」の支援～

Q－Uの結果から、すぐにサポートが必要と考えられる子どもに個別対応するためのワークシート集。養護教諭やスクールカウンセラーも使えるアイディアが満載。

河村茂雄 編集　　　　　　　　　　　B５判　本体 **2,300**円

ここがポイント　学級担任の特別支援教育

個別支援と一斉指導を一体化する学級経営

学級状態×個別支援の必要な子どものタイプから，「個と全体に配慮した教室運営」のポイントを解説。学級担任の現実に基づき、いまできるベストの対応を提案する。

河村茂雄 編著　　　　　　　　　　　B５判　本体 **2,200**円

※本体価格には別途消費税がかかります。

河村茂雄の本

学校教育の「強み」と「危機」を浮き彫りにしながら,
集団の教育力を生かす教育実践の考え方と方法を提案します。

●理論書

教師のための専門知識。教職を志す学生,アップデートをめざす現職教員におすすめ。

日本の学級集団と学級経営	A5判 本体2,400円+税
生徒指導・進路指導の理論と実際〔2019年改訂〕	A5判 本体2,200円+税
教育相談の理論と実際〔2019年改訂〕	A5判 本体2,200円+税
特別活動の理論と実際	A5判 本体2,200円+税
教育心理学の理論と実際	A5判 本体2,200円+税
学級担任が進める 特別支援教育の知識と実際	A5判 本体1,600円+税

●実践書：入門編

マスデータの分析から提唱される学級経営の方法論。どの教員もまずはここから。

授業づくりのゼロ段階 [ロングセラー]	A5判 本体1,200円+税
学級集団づくりのゼロ段階 [ロングセラー]	A5判 本体1,400円+税
学級リーダー育成のゼロ段階	A5判 本体1,400円+税
アクティブ・ラーニングのゼロ段階	A5判 本体1,200円+税
主体的な学びを促す インクルーシブ型学級集団づくり	A5判 本体1,800円+税
アクティブラーナーを育てる 自律教育カウンセリング	四六判 本体1,600円+税

●実践書：応用編

学級経営・学級集団づくりのスタンダードを,1年間の流れを追って提案します。

Q-U式学級づくり
小学校低学年／中学年／高学年／中学校（4分冊）　　B5判 本体各2,000円+税

学級ソーシャルスキル
小学校低学年／中学年／高学年／中学校（4分冊） 　B5判 本体2,400~2,600円+税

学級集団づくりエクササイズ
小学校／中学校（2分冊）　　　　　　　　　　　　B5判 本体各2,400円+税

図書文化